Gertrud Lorenz

Mit Kindern Ostern entgegengehen

Ein Kalenderbuch für die Zeit
vom Aschermittwoch bis Pfingsten

Herder Freiburg · Basel · Wien

Vorwort

Dieses Kalenderbuch will Eltern, Erziehern, Lehrern und Betreuern Anregungen in die Hand geben, um Kinder, geistig Behinderte und andere Behinderte, die in einfacher Weise angesprochen sein wollen, in der Zeit von Aschermittwoch bis Pfingsten zu begleiten.

Es bietet neben religiösen Inhalten Aspekte des Osterbrauchtums und des neuen Lebens in der Natur. Brauchtum und Frühling setzt es in Beziehung zur christlichen Osterbotschaft, um aufzuzeigen, daß Ostern ein wichtiges Jesusfest ist. Zudem regt das Buch zu Tätigkeiten an, die auf die Thematik bezogen sind und ermutigt, das Gute im zwischenmenschlichen Umgang zu pflegen. Es bietet Anregungen und Elemente zu einfachen Gottesdiensten.

Zum Inhalt

Die meisten Anregungen auf den einzelnen Seiten des Buches sind Angebote zur Auswahl. Sie können anderweitig ergänzt oder auch im nächsten Jahr vertieft und erweitert werden.

Von den belastenden Inhalten der Leidensgeschichte sind sensible Kinder und geistig Behinderte oftmals tief betroffen. Daher ist es wichtig, diese Inhalte behutsam und immer im Blick auf Ostern anzubieten. Zudem sollte die Konfrontation mit sehr realistischen Bildern, z. B. des Kreuzwegs, vermieden werden.

Umschlagfotos: Ulrike Schneiders. Mit freundlicher Genehmigung des Christophorus-Verlags, aus: Brunnen-Reihe, Heft 142 „Ostereier und Kerzen mit Wachs verziert", Christophorus-Verlag, Freiburg.
Die Lieder auf den Seiten 7, 11, 15, 23, 27, 33, 41, 45, 47, 53, 60, 63, 75, 87, 91, 107 sind entnommen aus: „100 einfache Lieder" und „Regenbogen bunt und schön", herausgegeben von Rolf Krenzer. Beide in den Verlagen Ernst Kaufmann, Lahr und Kösel, München.

ZWEITE AUFLAGE

Alle Rechte vorbehalten – Printed in Germany
© Verlag Herder Freiburg im Breisgau 1987
Herstellung: Freiburger Graphische Betriebe 1990
ISBN 3-451-20984-5

Im Anhang befinden sich neben ergänzenden Gebeten und Liedern Hilfen zu den Basteleien, zusätzliche Ratschläge und Anregungen zu Gottesdiensten.

Zu den Gottesdiensten

Diese Feiern orientieren sich nicht unbedingt an der kirchlichen Liturgie. Sie sind für den Gebrauch in der Familie ebenso gedacht wie für Gruppen, Klassen oder Gottesdienstgemeinden. Sie können in jedem beliebigen Raum stattfinden.

Möglichst alle Teilnehmer sollen möglichst oft die Gelegenheit bekommen, aktiv mitzumachen, selbst wenn auf einen perfekten Ablauf verzichtet werden muß. Wer sich einbringt, muß von vornherein wissen: Keiner kann etwas falsch machen.

Zu den Liedern

Die kleineren Noten der Lieder geben eine zweite Stimme an, die vor allem für C-Flöte und Tenorflöte gedacht ist und die zur Begleitung mit Gitarre paßt.

Einige der Lieder sind mit freundlicher Genehmigung entnommen den Liederbüchern „100 einfache Lieder Religion" und „Regenbogen bunt und schön", beide Kaufmann, Lahr / Kösel, München.

Viele der Lieder sollten mit Klatschen oder Gesten und mit einfachen Instrumenten begleitet werden.

Gedanken zu Ostern

Ostern sagt uns: Jesus lebt, und Jesus ist in dieser Welt lebendig durch uns und alle, die seine Jünger in unserer Zeit sein wollen.

Über Ostern reden können wir vielleicht nur sehr begrenzt, doch können wir mit den Kindern und Behinderten besinnlich und feiernd, singend und bastelnd Ostern entgegen und durch die Osterzeit gehen. Dabei können wir sie in unseren Glauben hineinnehmen. Unser Vertrauen auf den guten Gott erspüren sie ohne Worte.

Die Inhalte des Kalenderbuchs erheben nicht den Anspruch, alle theologisch bedeutsamen Aspekte darzustellen.

Zuletzt

An dieser Stelle möchte ich allen danken, die mich bei der zeitaufwendigen Arbeit unterstützt haben, vor allem meinem Mann, unserer Tochter Angelika Tschamber, die die Fotos zur Verfügung stellte, und unserem geistig behinderten Sohn Andreas (Down-Syndrom). Schon vor Jahren hatte er den Einfall, zu meinen Liedern eine zweite Stimme zu machen, um mich beim Vorsingen in den Gottesdiensten mit seiner Tenorflöte zu begleiten. Die zweite Stimme vieler Lieder verdanke ich ihm. Mein Dank gilt auch Pfarrer Peter Arnold in St. Maria in Stuttgart, der theologische Fragen mit mir durchsprach. Ganz besonders danke ich Wolfgang Woide, der die graphische Gestaltung und die Illustration des Buches übernahm.

Gertrud Lorenz

Erste Woche in der Zeit vor Ostern

1. Vorschlag

Heute ist Aschermittwoch

Der Aschermittwoch ist ein ernster, aber kein trauriger Tag.
In den katholischen Kirchen wird heute im Gottesdienst vom Priester den Leuten ein wenig Asche – in der Form eines Kreuzes – auf den Kopf gestreut.
Diese Asche ist von den Zweigen des letzten Palmsonntags, die verbrannt wurden.
Das Aschenkreuz soll an die Vergänglichkeit des Lebens erinnern.
Die Asche sagt uns:
Das Leben in dieser Welt geht vorbei.
Das Kreuz sagt uns:
Das Leben bei Gott geht weiter.

Was tun?

Es gibt verschiedene Möglichkeiten:
– Wir erinnern uns an einen Verstorbenen, lassen uns von ihm erzählen und Fotos zeigen.
– Wer möchte, erzählt vom Tod eines Menschen, den er kannte.
– Wir singen das Lied „Guter Gott" mit dem Namen des Verstorbenen, von dem wir gesprochen haben.
Oder:
– Wir gehen auf dem Friedhof spazieren und sehen uns Kreuze und Grabsteine an.
Oder:
– Wir besuchen das Grab eines Menschen, der uns nahestand

Heute fängt die Zeit vor Ostern an

Sie heißt auch Fastenzeit.
In dieser Zeit bereiten wir uns auf Ostern vor. In einem alten Lied (Hymnus) heißt es, diese Zeit sei „eine heilige Zeit, in der das Gute blühen soll"*.
Ist das nicht schön gesagt? Wir alle können mithelfen, daß das Gute anfängt zu blühen, wie eine Frühlingsblume.
Und wann fängt das Gute an zu blühen?

Es fängt an zu blühen, wenn wir anderen eine Freude machen. Heute wollen wir denen eine Freude machen, mit denen wir jeden Tag zusammen sind:
Wir besorgen einen kleinen Blumenstrauß oder eine einzelne Blume und stellen die Vase mit dem Strauß oder der Blume zum Essen auf den Tisch.

Oder:
Wir malen für jeden ein kleines Blumenbild und legen es abends auf sein Kopfkissen oder an seinen Eßplatz bei Tisch.

Am Grab oder zu Hause beten wir:
O Herr, gib ihm (ihr, ihnen) die Freude, die nie mehr aufhört. Amen

Die Kreuze auf dem Friedhof sagen uns:
Jesus lebt, und unsere Toten dürfen auch leben. (Gott sorgt für sie).

Wo im Kalender eine Tulpe zu sehen ist, werden wir daran erinnert, daß das Gute blühen soll.

Guter Gott, unser Nachbar

* „Unser Nachbar" kann durch andere Namen ersetzt werden:

Guter Gott, unser Opa ...
Guter Gott, die Frau Maier ...
Guter Gott, Tante Regina ...

Melodie und Text: Gertrud Lorenz

Aus den Anregungen auf dieser Seite kann ein kurzer Gottesdienst zusammengestellt werden. Anregungen dazu im Anhang Seite 90.

Erste Woche in der Zeit vor Ostern

2. Vorschlag

Jesus und Zachäus

Zachäus, der Zöllner, wohnt in der Stadt Jericho.
Er hat keinen einzigen Freund.
Eines Tages kommt Jesus in die Stadt.
Auf der Straße sind viele Leute.
Alle wollen Jesus sehen.
Zachäus will Jesus auch sehen.
Weil er klein ist, steigt er auf einen Baum.
Jetzt kann er Jesus gut sehen.
Jesus kommt und bleibt am Baum stehen.
Er schaut hinauf und sagt:
„Zachäus, komm schnell herunter.
Ich will dich besuchen."
Zachäus steigt schnell vom Baum herunter.
Er begrüßt Jesus.
Er geht mit ihm nach Hause.
Jesus sitzt mit Zachäus am Tisch.
Die beiden essen miteinander und trinken miteinander.
Und sie reden auch miteinander.
Zachäus fragt Jesus: „Sag mir, verstehst du Spaß?"
„Na klar (Aber sicher)", antwortet Jesus.
„Dann tanz mit mir", bittet Zachäus.
„Ich freue mich doch so sehr,
daß ich jetzt einen Freund habe."

(Vgl. Lk 19,1–10, vereinfacht: Gertrud Lorenz.)

Zachäus begrüßt Jesus — Jesus tanzt mit Zachäus

Was fällt uns zur Zachäus-Geschichte ein?
... daß Jesus auch unser Freund ist.
... daß er uns helfen will, wenn wir traurig sind.
... daß er uns helfen will, gut zu sein.
... daß wir froh sein dürfen, weil Jesus unser Freund ist.
... daß wir – wie Zachäus – aus Freude tanzen und hüpfen dürfen, wenn wir Lust dazu haben.

aber auch:
... daß wir – wie Jesus – einen anderen froh machen können.
... daß wir für einen, der keinen Freund hat, ein Freund werden können.

und:
... daß wir heute und immer wieder beten können:
Jesus, wir freuen uns, daß du unser Freund bist. Danke.
... oder daß jeder für sich allein sagen könnte:
Jesus, wie gut, daß du mein Freund bist.

Was tun?

z.B. – ein Bild zur Geschichte malen
oder – Zachäus aus Knetmasse oder anderem Material formen
oder – Das Zachäus-Lied singen
oder – Die Geschichte mit einem oder mehreren anderen spielen
oder – Das Bilderbuch von der Zachäus-Geschichte ansehen. (Aus der Reihe „Was uns die Bibel erzählt", Württembergische Bibelstiftung Stuttgart, das Bilderbuch „Zachäus")

> *Übrigens:* Zachäus hat unrecht getan, deshalb wollte keiner sein Freund sein!
> Aber Jesus wurde trotzdem sein Freund. Das hat Zachäus froh gemacht.
> Man kann auch anders dazu sagen: Das hat ihm Heil gebracht.
> Ganz von selber wollte er sein Unrecht wiedergutmachen.
> Weil Jesus sein Freund war, wurde Zachäus ganz anders, wurde Zachäus ein guter Mensch.

Zachäus ist ein armer Mann *(zu Lk 19,1–10)*

1. Za-chä-us ist ein ar-mer Mann, denn er hat kei-nen Freund.
2. Zachäus möchte Jesus sehn und steigt auf einen Baum.
3. Zachäus sitzt auf seinem Baum, und Jesus sagt zu ihm:
4. Zachäus, steige schnell herab, denn ich besuch' dich heut.
5. Zachäus hat jetzt einen Freund. Darüber freut er sich.

Melodie und Text: Gertrud Lorenz

Weitersagen: Jesus ist auch dein Freund.

Das Zachäus-Lied ist auch auf der Kassette „Biblische Spiellieder" (Deutscher Katecheten-Verein, Preysingstraße 83c, 8000 München 80).

Erste Woche in der Zeit vor Ostern

3. Vorschlag

Was tun? — allein oder mit anderen zusammen

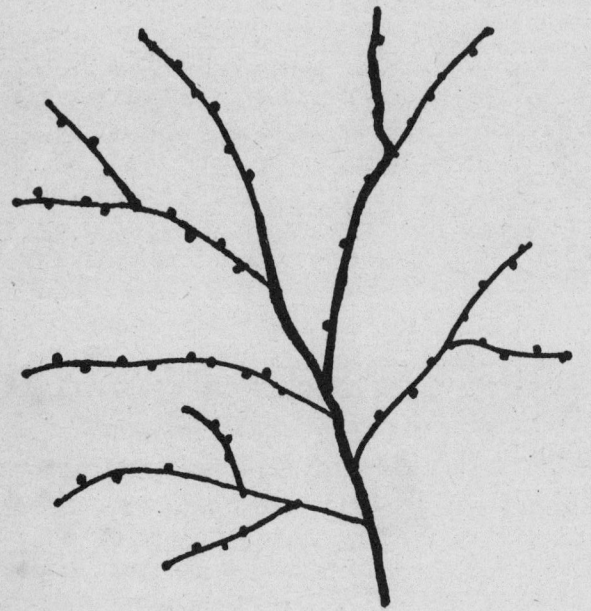

Spazierengehen

und – nach den Knospen der Zweige von Büschen und Bäumen sehen.

und – einen Zweig mit nach Hause nehmen. (Mit Messer oder Heckenschere abschneiden, keine Zweige von Büschen und Bäumen mitnehmen, die unter Naturschutz stehen, z.B. Weidenkätzchen sind geschützt!)

und – einen trockenen Zweig mit nach Hause nehmen (am Boden unter Büschen und Bäumen).

und – einige kleine Steine sammeln.

Was fällt uns beim Spazierengehen ein?

daß – Ostern ein Fest ist, das wir im Frühling feiern.

daß – wir nach Boten des Frühlings Ausschau halten könnten.

daß – wir da, wo kein Schnee liegt, womöglich schon die grünen Spitzen der Schneeglöckchen-Pflanzen entdecken.

daß – die Knospen an den Zweigen des Forsythienstrauches schon dicker sein könnten als die an anderen Büschen und Bäumen.

Zu Hause
stellen wir den abgeschnittenen Zweig ins Wasser. Jeden dritten Tag sehen wir nach, was aus seinen kleinen Knospen geworden ist.
Später verwenden wir ihn für den Osterbaum.

Wir basteln

Zachäus im Baum

Dazu brauchen wir:
1 kleine Schale oder Schachtel,
1 trockener Zweig,
kleine Steine,
Knetmasse,
Trockensteckmasse, Pflanzenschwamm (im Blumenladen zu haben).

So wird es gemacht:
Die Trockensteckmasse mit einem Messer in die passende Größe schneiden.
Sie in die Schale oder Schachtel drücken.
Die Zweige hineinstecken.
Sie mit den Steinen umlegen.
Zachäus aus Knetmasse formen.
Ihn in eine Gabelung des Zweiges setzen.

Laßt uns das Lied von Zachäus singen!

Zweite Woche in der Zeit vor Ostern

1. Vorschlag

Ostern, das Jesusfest im Frühling

Was tun?

Passende Lieder singen,

auch wenn der Frühling noch auf sich warten läßt. Zum Singen
- andere einladen,
- wer ein Instrument hat, soll es mitbringen,
- in die Hände klatschen,
- zwei Kiesel aneinander schlagen,
- ein Instrument benutzen, vor allem zum Schlagen oder Rütteln.

Achtung, Achtung:
ausländische Mitsänger bitten wir, ein Lied aus ihrer Heimat für uns zu singen.

Nicht vergessen:
Schon heute teilen wir unseren Gästen mit, daß nach Ostern wieder ein gemeinsames Singen geplant ist. Alle und vielleicht noch mehr sind herzlich eingeladen.

Welche Lieder?

Winter, ade, scheiden tut weh
Hei, so treiben wir den Winter aus
Singt ein Vogel ... im Märzenwald
Hei lustig, ihr Kinder
Jetzt fängt das schöne Frühjahr an
Kuckuck, Kuckuck, ruft's aus dem Wald

und dieses Osterlied

Halleluja, es ist Ostern

1. Hal-le-lu-ja, es ist O-stern. Hal-le-lu-ja, Je-sus lebt. Hal-le-lu-ja, Hal-le-lu-ja, Hal-le-lu-ja, Je-sus lebt.

2. Freut euch alle, es ist Ostern. Freut euch alle, Jesus lebt. Halleluja, Halleluja, Halleluja, Jesus lebt.

3. Singet alle, es ist Ostern. Singet alle, Jesus lebt. Halleluja, Halleluja, Halleluja, Jesus lebt.

4. Klatschet alle, es ist Ostern. Klatschet alle, Jesus lebt. Halleluja, Halleluja, Halleluja, Jesus lebt.

Melodie und Text: Gertrud Lorenz

Wir basteln ein Instrument

Dazu brauchen wir:
1 kleinere Dose oder 1 kleines Glas, kleine Steine (Korn, Reis oder Büroklammern), Klebeband.

So machen wir es:
Die Dose oder das Glas wird bis zu einem Drittel oder knapp halbvoll mit Steinen aufgefüllt.
Der Deckel wird geschlossen und sein Rand mit Klebeband umklebt.
Zum Singen wird das Instrument im Takt geschüttelt.

Wir sagen „bitte", wenn ein anderer etwas für uns tun soll.

Zweite Woche in der Zeit vor Ostern

2. Vorschlag

ungefärbte Eier

Wir blasen Eier für den Osterbaum aus.

Für den Osterbaum brauchen wir ausgeblasene Eier zum Bemalen.
Damit die Farbe gut haftet, ist es gut, die Eier *vor* dem Ausblasen vorsichtig mit Scheuermittel abzureiben und kalt nachzuspülen.
Zum Ausblasen wird oben und unten in das Ei ein Loch eingepikst, z.B. mit einer Schere.
Bläst man sehr kräftig in ein Loch hinein, fließt aus dem anderen die Eimasse heraus.

Was tun?

– Wir betrachten ein rohes Ei.
– Wir befühlen es vorsichtig.
– Wir schlagen es über einem Gefäß vorsichtig auf.
– Wir benennen, was in dem Ei ist.
– Wir versuchen, ein Ei zu trennen.
– Wir bereiten uns ein Spiegelei oder Rührei.
– Wir blasen Eier aus für den Osterbaum.

Wer weiß es?

Wie macht man ein weiches Ei?
　　　　　　　ein hartes Ei?
　　　　　　　ein Rührei?
　　　　　　　ein Spiegelei?

Wer es nicht weiß, läßt es sich zeigen oder probiert es selber!

Die Eimasse der ausgeblasenen Eier verwenden wir zu Pfannkuchen, Waffeln oder Rührei.

Eier aus Styropor, die es im Kaufhaus oder im Bastlergeschäft zu kaufen gibt, lassen sich einfacher handhaben, weil sie nicht so leicht zerbrechen.

Rezept für besonders leckeres Rührei:

Eiweiß und Eigelb wird getrennt.
Das Eiweiß schlägt man in einem hohen Gefäß steif.
Das Eigelb wird in einem anderen Gefäß gut verrührt und in das steife Eiweiß gerührt.
Das Salz nicht vergessen!
Diese Masse in eine Pfanne mit heißer Butter geben.
Nach kurzer Zeit wird sie mit der Backschaufel umgerührt.
Zuletzt mit feingeschnittenem Schnittlauch bestreuen.

Vorschlag für Gruppen:

Zum Thema „Ei" könnte der Kurzfilm „Ich habe ein Ei" angesehen werden. Inhalt: Blinde Kinder lernen das Ei kennen. Der Film kann in jeder Medien-Verleih-Stelle ausgeliehen werden. Die Adresse kann im Pfarramt oder in der Schule erfragt werden.

Rätsel

Wie können wir ein rohes Ei von einem gekochten Ei unterscheiden?
Wir finden es heraus, wenn wir die Eier auf einer glatten Fläche wie einen Kreisel drehen:
Das rohe Ei dreht sich langsam, es „eiert".
Das gekochte Ei dreht sich schnell.

Das Ei, das ist weiß

Melodie und Text: Gertrud Lorenz

Zweite Woche in der Zeit vor Ostern

3. Vorschlag

Jesus zieht in Jerusalem ein

Heute wollen wir die Geschichte vom Einzug Jesu in Jerusalem kennenlernen:
Auf dem Weg nach Jerusalem
bringen die Jünger einen jungen Esel zu Jesus.
Auf diesem Esel zieht Jesus in Jerusalem ein.
Das spricht sich schnell herum.
Immer mehr Leute laufen zusammen.
Viele freuen sich, daß Jesus da ist.
Sie brechen Zweige von den Bäumen und winken.
Sie rufen: „Hosianna, Hosianna, Jesus ist da."
Manche Leute legen ihre Kleider
oder Zweige auf die Straße – wie einen Teppich.
Sie wollen Jesus Freude machen.
Sie freuen sich, daß er da ist.

(Vgl. Mk 11,1–11, vereinfacht: Gertrud Lorenz.)

Aber Jesus hat auch Feinde. Die freuen sich nicht, daß er gekommen ist. Sie sagen: So kann es nicht weitergehen. Sie überlegen, wie sie Jesus umbringen können. So kam es, daß Jesus am Kreuz sterben mußte. Aber dann gab Gott ihm ein neues Leben. Darum freuen wir uns und feiern immer wieder Ostern.

Jesus kommt nach Jerusalem

Je - sus kommt nach Je - ru - sa - lem in die gro - ße Stadt.
Vie - le Leu - te sind froh, dar - um ru - fen sie so:
Ho - si - an - na, Ho - si - an - na, Je - sus ist da. Jesus ist da.

Melodie und Text: Gertrud Lorenz

Was tun?

allein oder mit andern zusammen

- Ein Bild zur Geschichte malen.
- aus Knetmasse Jesus und den Esel formen.
- das Lied „Jesus kommt nach Jerusalem" singen.
- ein Bild von Jesu Einzug in Jerusalem ansehen.
- aus Draht (Blumendraht) Jesus und den Esel formen (evtl. mit Bast umwickeln und, wenn nötig, um Mithilfe bitten!).

Für Gruppen

1. Das Lied vom Einzug in Jerusalem als Spiellied einüben.
2. Eine Palmsonntagsfeier in der Kirche vorbereiten. Sie kann auch an einem Werktag stattfinden. Den Pfarrer um sein Dabeisein bitten. Die Gemeinde und Angehörige einladen.

Jesus aus Draht

Der Esel aus Draht

Jesus auf dem Esel

Zweite Woche in der Zeit vor Ostern

4. Vorschlag

Was tun? Wir säen, beobachten und singen.

| Ostern ist das Fest des neuen Lebens, das Jesus von Gott bekam. | *und* | Ostern ist das Fest des neuen Lebens, draußen in der Natur. |

Das können wir beobachten:
- an den Frühlingsblumen, die bald anfangen zu blühen;
- an den Knospen von Büschen und Bäumen;
- an den Pflanzen, die erneut aus der Erde treiben;

Auch aus Samenkörnern, die trocken und leblos aussehen, kommt neues Leben. Das wollen wir beobachten!

Wir säen Kresse

Wir brauchen:
Kresse-Samen (aus Kaufhaus, Samenhandlung, Supermarkt, Drogerie),
ein niederes Gefäß (Untersetzer von Blumentopf oder ähnliches),
Watte oder Sand oder Blumenerde.
So machen wir es:
Der Untersetzer wird mit angefeuchteter Watte, Blumenerde oder dem Sand ausgefüllt, dicht mit Samen bestreut und an einem hellen Ort aufgestellt.
Watte, Erde oder Sand nur wenig feucht halten, sonst

Wir säen Gras

Wer hat Lust, eine kleine Wiese mit 1–2 Eiern zu verschenken?
Zur Probe auf einen Frühstücksteller mit Erde sehr dicht Grassamen säen.
Beobachten – nach wie vielen Tagen das Gras die richtige Höhe für die Osterwiese hat.
Vor Ostern das rechtzeitige Einsäen nicht vergessen!!!
Auch wenn wir die Erde mit den Samen in der Wohnung haben, können wir für Regen und Sonnenschein sorgen: Wir stellen das Gefäß mit der Erde in die Nähe des Fensters, wo es hell ist, und gießen regelmäßig,

Der Samen ist trocken

1. Der Samen ist trok-ken, der Samen ist klein.
Wir streu-en ihn heut' in die Er-de hin-ein.
Wir streu-en ihn heut' in die Er-de hin-ein.

2. Die Erde braucht Wasser, und warm muß sie sein.
Dabei hilft uns Regen und Sonnenschein.
3. Der Samen geht auf, grüne Spitzen sind dran.
die fangen ganz langsam zu wachsen an.
4. Sie werden zu Pflanzen, wir können es sehn.
Wir stauen und freun uns: Die Pflanzen sind schön.
5. Wir spielen die Pflanzen: Erst sind wir ganz klein,
dann wachsen wir langsam, sooo groß wolln wir sein.

Text und Melodie: Gertrud Lorenz

Wer möchte Sprossen keimen lassen, um sie zu essen? Sie enthalten viele Vitamine, Proteine und Mineralien.

Ein freundliches „Guten Morgen" läßt andere zu Beginn des Tages froh werden.

Dritte Woche in der Zeit vor Ostern

Seite 18/19

1. Vorschlag

Aus dem Ei kommt das Küken

Aus dem Ei kommt das Küken.
Werden frisch gelegte Eier von der Henne etwa drei Wochen lang warmgehalten, schlüpfen nach dieser Zeit Küken aus.
Zum Warmhalten setzt sich die Henne auf die Eier. Man sagt: Sie brütet.
Sollen viele Küken ausgebrütet werden, kommen die Eier in einen „Brutkasten". Darin werden die Eier durch Strom so lange gleichmäßig warm gehalten, bis die Küken ausschlüpfen.

Wir basteln Küken

Dazu brauchen wir:
festes gelbes Papier oder weißes Papier, das gelb angemalt wird,
Papier zum Pausen, Bleistift, Radierer, Schere, Locher, Wollfaden, Filzstift rot.

Was tun?

allein oder mit andern zusammen:

- In einem Tierbuch, Schulbuch oder Bilderlexikon die Bilder von Hennen und Küken ansehen.
- Bei einem Landwirt oder in einer Hühnerfarm lebende Küken kennenlernen.
- Küken zum Aufhängen am Osterbaum oder zum Aufstellen als Tischschmuck basteln.

Küken zum Aufhängen

So wird es gemacht:
- Muster pausen und ausschneiden,
- auf das gelbe (evtl. bemalte) Papier legen und umfahren,
- Schnabel und Beine rot bemalen
- ausschneiden,
- Muster a) Auge mit Locher einstanzen,
- Muster b) Loch in den Aufhänger stanzen,
- Wollfaden durch das Loch ziehen und verknoten.

Muster a

Küken zum Aufstellen

- Muster b) auf doppelt gelegtes Papier legen und umfahren. Dazu muß der punktierte Rand oben am Kopf an den Rand (Falz) angelegt sein.
Zum Aufstellen wird das ausgeschnittene Küken nach unten hin geöffnet.

Das Original dieses Kükens brachte eines meiner Kinder vor Jahren aus dem Kindergarten mit.

Muster b

Mitte nicht ausschneiden

Dritte Woche in der Zeit vor Ostern

2. Vorschlag

Vom Osterei und vom Osterhasen

Was haben das Ei und der Hase mit Ostern zu tun?

Der Osterhase – ein Zeichen für neues Leben.

Auch der Osterhase soll uns an neues Leben erinnern. Im Frühjahr, wenn es nicht mehr so kalt ist, schon Anfang März, bekommen die Hasen zum erstenmal Junge. Diese Hasenkinder sind Zeichen für neues Leben.
Die Hasen bekommen das Jahr über noch öfter Junge. Die Junghasen werden schon nach drei Wochen selbständig und können dann selber für ihr Futter sorgen. Neben den Hasen in Feld und Wald gibt es Zwerghasen, die man in Tierhandlungen kaufen kann. Diese Zwerghasen sind Haustiere und können Spielkameraden von Kindern und Erwachsenen werden.
Wer sich solch einen Zwerghasen wünscht, sollte aber daran denken, daß er nicht nur zum Spielen da ist, sondern auch gut gepflegt und versorgt werden muß.
Neben den Hasen, die in Feld und Wald leben und dort auch ihre Jungen bekommen, gibt es die Kaninchen. Sie leben in Erdhöhlen und Gängen, die sie in sandige Böden und Dünen graben. Dort bekommen sie auch ihre Jungen. Kaninchen sind kleiner als Hasen. Sie haben kürzere Ohren und kürzere Hinterbeine.
Osterhasen, die Eier bemalen und sie mit anderen Geschenken verstecken, gibt es nicht. Das weiß jeder.
Trotzdem lieben es Kinder und Erwachsene, den Osterhasen zu spielen und Geschenke zu verstecken. Dieser Brauch zu Ostern macht allen Freude.

Laßt uns das Lied vom Osterhasen singen!

Das Osterei – ein Zeichen für neues Leben.

Aus dem Ei kommt neues Leben, denn aus dem Ei schlüpft das Küken.

Aus den Eiern im Vogelnest schlüpfen die kleinen Vögel.

Uns Christen erinnert das Osterei daran, daß Jesus von Gott neues Leben bekam.

Ostern ist das Fest
vom neuen Leben Jesu.

Ostern ist das Fest
von der Auferstehung des Herrn.

Was könnte der Osterhase verstecken?

Hier einige Anregungen:

- ein selbstgebasteltes Instrument zum Schütteln;
- ein kleines Leporello-Bilderbuch mit einer Jesus-Geschichte;
- „Ein schönes Leben für die kleine Henne" von Barbara Bartos-Höppner (dtv junior; ein Buch zum Vorlesen oder Selberlesen für Schulanfänger, mit einigen Bildern);
- Instrumente wie: Triangel, Handtrommel, Klangstäbe, Glöckchen …
- „Jesus ist auferstanden" oder eine andere Jesus-Geschichte aus der Bilderbuch-Reihe „Was uns die Bibel erzählt" (Württembergische Bibelstiftung Stuttgart;
- eine Schallplatte oder Kassette, die dem Geschmack des Empfängers entspricht:

z.B. Peter und der Wolf von Prokofjew, oder: Viva Vivaldi, gespielt von James Last, oder aus der Reihe „Wir entdecken Komponisten" (Deutsche Grammophon) Mozart und andere, nur als Schallplatte erhältlich. Dies sind musikalische Hörspiele über Komponisten und ihre Werke.

1. Im Frühling, im Garten, im grünen Gras,
da sitzt, stellt euch vor, ein Osterhas.
Nun ratet, was er macht: _____
Er sitzt da im Gras und lacht.

2. Im Frühling, im Garten, im grünen Gras,
da sitzt, stellt euch vor, ein Osterhas.
Und was hat er dabei?
Für jeden ein Osterei.

3. Im Frühling, im Garten, im grünen Gras,
da sitzt, stellt euch vor, ein Osterhas.
Doch schauen wir genau,
ist's Papa mit seiner Frau.

4. Im Frühling, im Garten im grünen Gras,
da sitzt, stellt euch vor, ein Osterhas.
Ein Has kann jeder sein,
der andere will erfreun.

Melodie und Text: Gertrud Lorenz

Dritte Woche in der Zeit vor Ostern

3. Vorschlag

Jesus wäscht den Jüngern die Füße

Heute hören wir, daß Jesus den Jüngern die Füße wäscht.
Jesus hat seine Jünger zum Abendmahl eingeladen.
Alle sitzen am Tisch.
Da steht Jesus auf und zieht seine Jacke aus.
Er holt ein Handtuch und bindet es um.
Er holt auch eine Schüssel mit Wasser.
Dann wäscht er den Jüngern die Füße.
Mit dem Handtuch trocknet er sie ab.
Jesus kommt auch zu Petrus.
Aber der sagt:
„Herr, du sollst mir nicht die Füße waschen."
Doch Jesus antwortet ihm:
„Ich wasche dir die Füße trotzdem,
denn es ist wichtig für dich."
Endlich ist Jesus fertig
und setzt sich wieder an den Tisch.
Er fragt die Jünger:
„Wißt ihr, warum ich euch die Füße gewaschen habe?
Ich will es euch erklären.
Ihr sollt von mir lernen.
Ihr sollt einander dienen.
Ihr sollt einander Gutes tun."

(Vgl. Joh 13,3–15, vereinfacht: Gertrud Lorenz.)

Was Jesus den Jüngern gesagt hat, gilt auch uns. Wir sollen von Jesus lernen, einander zu dienen, einander Gutes zu tun, einander froh zu machen.

Gutes tun, wie geht das?

Sehen, wenn einer Hilfe braucht – und ihm helfen.

Merken, wenn einer traurig ist – und ihn trösten.

Spüren, wenn einer zuwenig hat – und mit ihm teilen.

Beachten, wenn einer langsam ist – und mit ihm Geduld haben.

Merken, wenn einer sehr allein ist – und Zeit für ihn haben.

Sehen, daß einer ausgelacht wird – und zu ihm halten.

Merken, daß einer Probleme hat – und ihm beistehen.

was tun?

- Das Lied von der Fußwaschung singen.
- Die Geschichte zum Lied spielen oder erst singen, dann ohne zu reden spielen.
- Einen Fußabdruck herstellen und hineinschreiben (lassen), was man (heute) Gutes tun will.

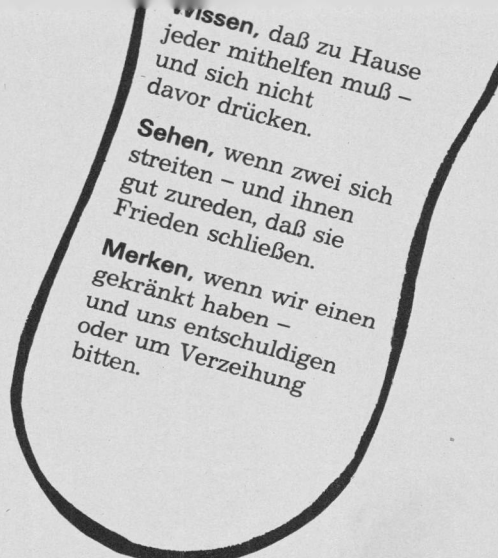

Wissen, daß zu Hause jeder mithelfen muß – und sich nicht davor drücken.

Sehen, wenn zwei sich streiten – und ihnen gut zureden, daß sie Frieden schließen.

Merken, wenn wir einen gekränkt haben – und uns entschuldigen oder um Verzeihung bitten.

Lied von der Fußwaschung

1. Vor dem Abendmahl nimmt Jesus sich ein Tuch um und sagt zu seinen Freunden: „Seht, was ich tu', und tut das auch. Tut den Menschen Gutes."

2. Vor dem Abendmahl wäscht Jesus ihre Füße und sagt zu seinen Freunden: „Seht, was ich tu', und tut das auch. Tut den Menschen Gutes."

Melodie und Text: Gertrud Lorenz

So machen wir den Fußabdruck:

Fuß auf Papier stellen und mit Filzstift umfahren (evtl. mit Hilfe).
Rand breiter malen.
Selber finden oder durch Anregungen, was man Gutes tun will. *Ein Vorsatz genügt.*
In Abdruck hineinschreiben (lassen) und Abdruck ausschneiden.
Mit zwei Stecknadeln an der Wand befestigen.

Dritte Woche in der Zeit vor Ostern

Seite 24/25

4. Vorschlag

Spazierengehen allein oder mit anderen zusammen

und – wieder nach den Knospen an Büschen und Bäumen sehen.

und – wieder einen Zweig mit nach Hause nehmen und zum ersten in die Vase stellen und mit ihm vergleichen. Beide weiter beobachten

und – einen rundlichen oder länglichen Kieselstein oder mehrere suchen und ihn als Hasen bemalen. Wem könnten wir ihn schenken?

und – nachsehen, wer die erste Frühlingsblume entdeckt. Er darf sich ein gemeinsames Spiel oder ein Lied wünschen.

So machen wir den Kiesel-Hasen

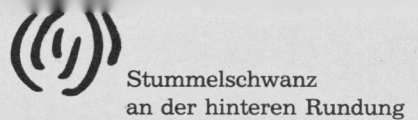

Stummelschwanz
an der hinteren Rundung

- Den Stein wenn nötig mit Scheuermittel oder Schmirgelpapier säubern.
- Mit Bleistift vorskizzieren.
- nachzeichnen, bei kleinem Stein mit Faserschreiber (Exacta-Pen Stift), bei größeren Steinen mit Emaillack-Stift (z.B. Revell Quick Color) oder Filzstift.
- an den Rändern der Ohren, um die Augen und an den Barthaaren evtl. wenig weiße Deckfarbe mit Pinsel auftragen.
- mit Mattlack bemalen, damit Zeichnung nicht verwischt.

Übrigens: macht auch das Zusehen Spaß, wie so ein Hase entsteht.

Andeutung
des seitlichen Fells

Das Original zu diesem Muster bekam ich bei einer Tagung 1975 in Salzgitter von Frau Flügge geschenkt.

Vierte Woche in der Zeit vor Ostern

Seite 26/27

1. Vorschlag

Ostern rückt näher

Was tun?

Eier bemalen für den Osterbaum

Wachsfarben oder Filzstifte,
Wasser- oder Plakatfarben,
Mattlack und Pinsel

Nicht schmierende Farben zum Bemalen der Eier: Lackmalstifte unipaint, von Faber-Castell (für feine Striche nimmt man davon mit einem feinen Pinsel)
oder die Fingerfarbe CROMAR, Firma Berol, die sich auch mit Pinsel verarbeiten läßt.

Zum Bemalen von ausgeblasenen Eiern
Durch die Löcher eine Stricknadel stecken und sie am langen Ende halten.
Zum Aufhängen Stricknadel entfernen. Um ein halbes Streichholz einen Faden verknoten, Länge 20–40 cm.
Streichholz nun in ein Loch des Eies einführen und Faden anziehen. An einer Öse im Faden wird das Ei aufgehängt.
Zum Bemalen kann das Ei auch auf ein Glas gestellt werden, dessen Öffnung etwas kleiner ist als die eines

Selbstbemalte Eier für den Osterbaum sind Erinnerungen.

Ganz klein sollte auf ihnen das Jahr vermerkt sein, in denen sie entstanden sind.
Damit die Farben nicht schmieren oder verblassen, werden sie mit Mattlack bepinselt.
Mattlack erst auf eine Hälfte auftragen und wenn diese trocken ist, auf die andere.

Zum Wecken am Ostermorgen und in der Osterzeit eine Kassette besingen und gestalten

mit Osterliedern,
    Frühlingsliedern,
    Morgenliedern,
    musikalischen Beiträgen

– eine leere Kassette 60 Minuten,
– einen Kassetten-Recorder oder ein anderes Aufnahmegerät,
– Instrumente aller Art
– und viel Zeit!

Die Kassette muß nicht an einem Tag fertig werden.

Wir überlegen – vielleicht beim Bemalen der Eier:
– Welche Oster- und Frühlingslieder nehmen wir? (Liste aufstellen);
– Welche Lieder singen alle oder einer/einige?
– Zu welchen Liedern klatschen wir?
– Welche Lieder begleiten wir mit einem, welche mit allen Instrumenten?
– Wer spielt ein Lied oder Musikstück allein auf einem Instrument?
– Laden wir zum Mitsingen ein? Wenn ja, wen?
– Wie füllen wir die Pausen zwischen den Liedern?

Wir erfinden ein Zwischenspiel, z.B. einige Schläge auf einem oder mehreren Instrumenten, oder den Anfang des nächsten Liedes auf Flöte oder sonstigem Melodie-Instrument.

Styropor-Eier
lassen sich gut mit Filzstiften bemalen. Meist haben sie an einem Ende ein kleines Loch, in das zum Bemalen eine dünne Stricknadel gesteckt werden kann. Beim Halten des Eies in der Hand darauf achten, daß die Farben nicht verschmieren.
Zum Aufhängen um den Kopf eines nicht abgebrannten Streichholzes einen Faden verknüpfen und es (evtl. gekürzt) tief in das Ei eindrücken und evtl. festkleben mit Klebstoff für Styropor, z.B. Uhu por.

Das Osterlied
„Freut euch alle, Jesus lebt"

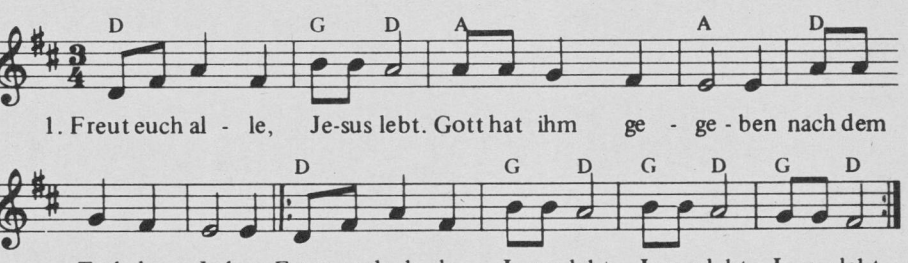

2. Freut euch alle, Jesus lebt.
Gott wird auch uns geben
nach dem Tod das Leben.
Freut euch alle, Jesus lebt.
Jesus lebt. Jesus lebt.

Melodie und Text: Gertrud Lorenz

Vierte Woche in der Zeit vor Ostern

Seite 28/29

2. Vorschlag

Der lebende Hase – Gebastelte Hasen

Was tun?

– Einen Hasen aus Wolle kleben.
– Einen zum Aufstellen basteln.
– Einen lebenden Hasen ansehen
  (oder ein Kaninchen).

Ein Hase aus Wolle

Dazu brauchen wir:
– dunkles, festes Papier, Größe 35 × 50 cm oder beliebig kleiner,
– sehr flauschige, helle Wolle,
– Alleskleber, der keine Fäden zieht,
– Bleistift und Schere.

So wird er gemacht:

Auf den Papierbogen wird in der Art des Musters mit Bleistift ein Hase aufgezeichnet.

In der Mitte des linken Ohres beginnend auf den Zeichenstrich Stück um Stück Klebstoff auftragen, Wolle auflegen und andrücken.

Dieser Hase sieht auch in kleineren Größen sehr hübsch aus.

Man kann den Hasen auch anmalen und nur den Um-

Wo gibt es lebende Hasen zum Ansehen?
- Bei Leuten, die einen Hasen als Haustier halten.
- Bei Leuten, die Stallhasen haben (evtl. beim Züchterverein fragen).
- Bei einem Bauern.
- In einer Tierhandlung. (Dort vorher Bescheid sagen, wenn eine Gruppe kommt!)

Wir sehen den Hasen an.
Wir streicheln ihn, wenn es erlaubt ist.
Wir fragen nach seiner Nahrung und Pflege.
Wir lassen uns von seinen Eigenarten berichten.
Sollte die Begegnung mit einem lebenden Hasen nicht möglich sein, könnte ein ausgestopftes Tier angesehen werden.
Das ist in Schulen möglich. Dort kann es evtl. auch entliehen werden.

*Vor dem Schlafengehen
sagen wir heute
und immer zu allen:
„Gute Nacht"*

Ein Hase zum Aufstellen

Wir brauchen:
- farbiges, festes Papier oder weißes Papier, das wir anmalen,
- Bleistift, dunkelbrauner Filzstift und Schere.

So wird der Hase gemacht:
Muster pausen und ausschneiden,
Papierbogen in der Breite des Musters falten,
Muster links am gefalteten Rand anlegen, gut festhalten und mit Bleistift umfahren,
Muster auf dem farbigen Papier evtl. mit Büroklammer befestigen und Augen, Nase, Bart, Pfoten und das Dreieck zwischen den Beinen mit starkem Druck nachzeichnen, damit der Abdruck gut zu sehen ist. Dasselbe auf der Rückseite wiederholen,
den Hasen ausschneiden – nicht am gefalteten Rand!
Das Dreieck zwischen den Beinen kann auch ausgeschnitten werden. Evtl. kann der Hase auch von innen bemalt werden.
Etwas geöffnet, läßt er sich aufstellen.
Muster von Hasen im Anhang Seite 92.
Wer Geduld hat, kann dem großen Hasen einen Overall aus Stoff und sogar eine Tasche, in der ein kleines Osterei Platz hat, aufkleben.
Anregungen dazu ebenfalls im Anhang Seite 93.

Vierte Woche in der Zeit vor Ostern

Seite 30/31

3. Vorschlag

Jesus und seine Jünger beim Abendmahl

Heute hören wir, was Jesus beim Abendmahl tut.
Wir wissen: Er hat seine Jünger dazu eingeladen.
Nun sitzen sie zusammen am Tisch:
Jesus nimmt Brot und spricht ein Dankgebet.
Er bricht das Brot auseinander
und gibt es den Jüngern.
Alle dürfen vom Brot essen.
Danach nimmt Jesus einen Becher mit Wein.
Wieder spricht er ein Dankgebet.
Er gibt den Becher seinen Jüngern.
Alle dürfen vom Wein trinken.
Danach sagt Jesus:
„Bald bin ich nicht mehr bei euch.
Kommt trotzdem immer wieder zusammen!
Eßt miteinander Brot!
Trinkt miteinander Wein!
Und denkt dabei an mich!"

(Vgl. Mk 14.17.22–23 und 1 Kor 11,24b und 25b, vereinfacht: Ge-

Was tun?

– Ein Bild vom Abendmahl ansehen, z. B. in einem Buch.
– Überlegen, wo es einen Tisch gibt, zu dem Brot und Wein gebracht werden, und wie er genannt wird.
  (Der Tisch heißt Altar oder Altartisch und steht in der Kirche.)
– Nachfragen, wie die Feier heißt, bei der Brot und Wein zum Altar gebracht werden.
  (Bei katholischen Christen heißt sie „heilige Messe" oder „Eucharistiefeier". Bei evangelischen Christen heißt sie „Abendmahlfeier".)
– Den Mesner bitten, in der Sakristei die Gefäße für Brot und Wein aus der Nähe sehen zu dürfen.
– Einen Altartisch herrichten, um den wir sitzen und das Abendmahl-Lied singen. Dazu brauchen wir: 1 weiße Serviette aus Stoff oder schönem Papier, 1 kleines Kreuz zum Hinlegen, 1 Kerze im Ständer oder mehrere Kerzen, 1 Vase mit einem Zweig, Strauß oder 1 Blume.
– Das Lied vom Abendmahl Verse 1 und 2 singen.

Ein Altar zu Hause

2. Der Herr sagt: Hört,
wenn ich nicht mehr bei euch bin,
setzt euch doch zusammen zu Tisch.
Eßt dann auch vom Brot
und trinkt dann auch vom Wein,
dann werd' ich bei euch sein,
dann werd' ich bei euch sein.

3. Der Herr lädt uns alle
zu seinem Mahl* ein.
Er ist unser Freund, der uns liebt.
Wir essen vom Brot,
denn er will bei uns sein.**
Ja, Jesus lädt uns ein.
Ja, Jesus lädt uns ein.

* Statt „zu seinem Mahl" kann auch „zum Abendmahl" gesungen werden.
** Zu passenden Gelegenheiten kann hier gesungen werden: „und wir trinken vom Wein".

Melodie und Text: Gertrud Lorenz

Wir haben es gehört: Jesus hat zweimal ein Dankgebet gesprochen.
Könnten wir nicht auch vor dem Essen ein Dankgebet sprechen, wenigstens am Sonntag, vor dem Mittagessen?

Hier sind zwei Tischgebete

Wir danken dir, o Gott,
daß wir genug zu essen haben.
Wir danken dir, o Gott,
daß wir uns haben.

Guter Gott,
wir sitzen zusammen am Tisch.
Wir haben Hunger
und freuen uns auf das Essen.
Es gibt ... und ... und ...
Wir danken dir für dieses Essen.
Zu diesem Gebet reichen wir uns die Hände.

Beide Gebete: Gertrud Lorenz in „Halte zu mir heute, guter Gott" (Lahn-Verlag, Limburg).

Ein Lied zum Singen vor und nach dem Essen siehe Seite 89.

Aus den Anregungen auf dieser Seite kann ein kurzer Gottesdienst zusammengestellt werden. Anregungen dazu im Anhang Seite 94.

Vierte Woche in der Zeit vor Ostern

Seite 32/33

4. Vorschlag

Blumen draußen und drinnen

Schneeglöckchen

Krokus

Veilchen

Der Sonntag am Ende dieser Woche ist der 4. Fastensonntag. Es ist der Sonntag der Vorfreude auf Ostern. Er heißt Laetare.

Was tun?
allein oder mit anderen zusammen

Eine Frühlingsblume, einen Strauß oder Forsythienzweig besorgen und in eine Vase stellen.

Und – das Loblied auf dieser Seite singen.

Und – beim Spaziergang nach neu erblühten Blumen Ausschau halten und sich erkundigen, wie sie heißen.

Und – in Büchern Frühlingsblumen ansehen (z.B. in „Herders buntes Bilderlexikon", Rubrik Gartenblume 1, Seite 76 und 77)

Und – Papierblumen für Karfreitag und Ostern ba-

Sollten wir uns nicht auch eine Freude machen und eine Frühlingsblume oder gar einen Strauß besorgen? Sollten wir unserer Vorfreude nicht auch mit einem Lied Ausdruck geben oder gar mit mehreren?

Wir basteln Blumen

Es können auch Blumen aus Krepp-Papier gebastelt werden.

Dazu brauchen wir:

farbiges Seidenpapier

Alleskleber

Herr wir freuen uns

1. Herr, wir freuen uns; der Tag ist schön.
Schön ist das Lachen, das Singen, das Sehn.
Schön ist das Spielen, das Springen, das Gehn.
Herr, wir freuen uns, der Tag ist schön.

2. Herr, wir freuen uns; der Tag ist schön.
Schön ist es, Morgen und Abend zu sehn.
Schön ist's, zu schlafen und aufzustehn.
Herr, wir freuen uns; der Tag ist schön.
Herr, wir freuen uns; der Tag ist schön.

Melodie und Text: Gertrud Lorenz

So kann der Text verändert werden:
Herr, wir freuen uns, der Tag ist schön.
Wir freuen uns, wieder Blumen zu sehn,
und in der Sonne spazierenzugehn.
Herr, wir freuen uns, der Tag ist schön.

Veränderter Text: Gertrud Lorenz

So wird es gemacht:

1. Aus dem farbigen Papier drei oder vier verschieden große Vierecke ausschneiden
2. Jedes Viereck über Eck und das entstandene Dreieck noch zweimal in der Mitte zusammenfalten.
3. Das Dreieck rund abschneiden.
4. Alle Größen auseinanderfalten.
5. In die Mitte des großen Blumenblattes das jeweils kleinere kleben. Nur die Mitte festkleben!
6. Die Blütenblätter außen leicht nach oben drücken.

Hilfen zum Basteln dieser Blume im Anhang Seite 96.

Fünfte Woche in der Zeit vor Ostern

Seite 34/35

1. Vorschlag

Was tun?

Freude machen

mit einem Ostergruß

mit einem Osternest

mit dem Bemühen um ein gutes Zusammenleben

Wir überlegen:

Welchem lieben Menschen könnten wir einen Ostergruß schicken? Wer würde sich freuen?

Heute bereiten wir den Gruß auf einer Karte oder einem Brief vor. *In der Woche vor Ostern* schicken wir ihn mit der Post ab.
Wir schmücken die Karte oder den Briefbogen:

– mit dem Bild eines Osterhasen, den wir abpausen. Dazu benützen wir das Bild des Hasen auf dieser Seite oder das Muster des Hasen zum Legen aus Wolle auf Seite 28

– mit bunten Ostereiern, gemalt mit Filz- oder Wachsfarbstiften oder Wasserfarben

– mit dem Satz: Freut euch alle, Jesus lebt

So pausen wir

Wer für seinen Ostergruß den Hasen auf dieser Seite abpausen will, geht so vor:
1. Auf das, was gepaust werden soll ein möglichst durchsichtiges Papier legen und an der Seite mit Büroklammern befestigen.
2. Mit einem weichen Bleistift das Bild sorgfältig nachzeichnen.
3. Das Papier mit dem nachgezeichneten Bild abnehmen
4. Es mit der gezeichneten Seite nach unten auf Karte oder Briefbogen legen.
5. Es oben oder seitlich wieder mit Büroklammern befestigen.
6. Das Bild nun wiederum kräftig nachzeichnen, damit es sich auf Karte oder Briefbogen abdrückt.
7. Das Pausblatt wegnehmen und das Bild mit Kuli oder Filzstift deutlich nachzeichnen.
8. Erst längere Zeit danach die zu dicken Bleistiftstriche ausradieren.
9. Der Hase kann evtl. angemalt oder mit Wolle umklebt werden. Siehe Seite 28.

Wir überlegen:

Wem könnten wir mitteilen: Bei unserer Osterfeier denken wir an Dich und zünden auch für Dich eine Kerze an.
Welchem lieben Menschen könnten wir mit einem kleinen Osternest, in das wir ein selbstbemaltes Osterei (evtl. für den Osterbaum) legen, eine Freude machen?

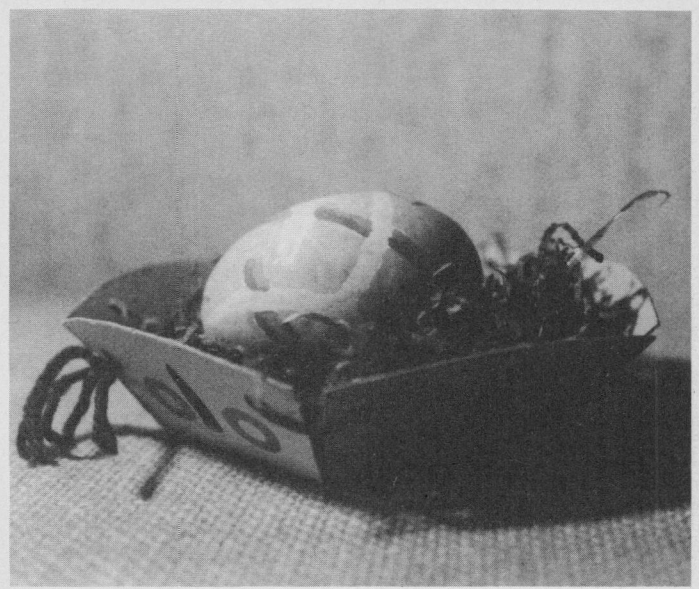

Zum Pausen:
Muster des Nestes in Originalgröße im Anhang Seite 97

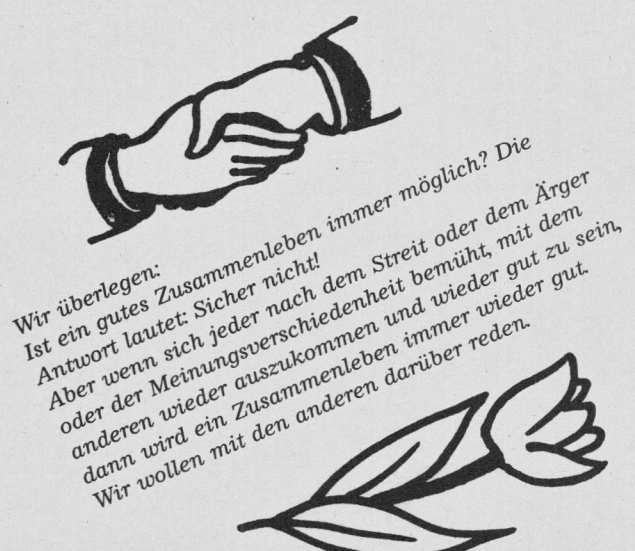

Wir überlegen:
Ist ein gutes Zusammenleben immer möglich? Die Antwort lautet: Sicher nicht!
Aber wenn sich jeder nach dem Streit oder dem Ärger oder der Meinungsverschiedenheit bemüht, mit dem anderen wieder auszukommen und wieder gut zu sein, dann wird ein Zusammenleben immer wieder gut.
Wir wollen mit den anderen darüber reden.

*Manchmal
tut uns ein Wutanfall richtig gut!*

Aber – tut er unseren Mitmenschen auch gut?
Wir sollten ihnen nach dem Wutanfall sagen: Ich habe es nicht so böse gemeint.

Fünfte Woche in der Zeit vor Ostern

Seite 36/37

2. Vorschlag

Jesus am Ölberg

Wir wissen schon, daß Jesus den Jüngern beim Abendmahl Brot und Wein gegeben hat. Nun wollen wir hören, wie es weitergeht:
Das Abendmahl ist zu Ende.
Jesus geht mit seinen Jüngern
in einen Garten am Ölberg.
Es ist schon spät in der Nacht.
Jesus sagt zu den Jüngern:
„Ich bin traurig und habe große Angst.
Meine Feinde wollen mich umbringen.*
Ich will allein sein und beten.
Bleibt hier und wartet auf mich."
Jesus geht ein Stück weiter.
Er kniet nieder und betet:
„Mein Vater im Himmel, ich habe Angst.
Ich habe große Angst.
Hilf mir in meiner Angst.
Hilf mir, die Angst auszuhalten.
Hilf mir aus der Angst heraus.
Bitte, hilf mir!"

Wie gut, daß Gott da ist, wenn wir Angst haben!

(Vgl. Mk 14,26.32–36, vereinfacht: Gertrud Lorenz.)

Es ist gut, daß wir wissen:
Der Vater im Himmel hat Jesus in der Angst geholfen.
Der Vater im Himmel hat Jesus nicht allein gelassen.
Sonst wäre Jesus vor seinen Feinden davongelaufen.

Was fällt uns zur Ölberggeschichte ein?

... daß Angsthaben schlimm ist.
... daß es richtig ist, zu sagen, wenn wir Angst haben.
... daß es gut ist, in der Angst nicht allein zu sein.
... daß Jesus auch Angst erlebt hat und weiß, wie das ist.
... daß Jesus weiß, daß er in der Angst beten darf.
... daß Jesus weiß (hier bedeutet wissen: darauf vertrauen), daß sein Vater im Himmel ihm in der Angst beisteht und hilft.

und:
... daß wir auch in der Angst beten dürfen.
... daß auch wir es wissen sollen (auch im Sinne von darauf vertrauen), daß unser Vater im Himmel uns in der Angst beisteht und hilft.
... daß wir es Jesus auch sagen dürfen, wenn wir Angst haben. Zum Beispiel so:
Du, ich habe Angst. Hilf mir!

aber auch:
... daß wir anderen in der Angst helfen können,
wenn wir bei ihnen bleiben,
wenn wir ihnen gut zureden,
wenn wir sie beruhigen,
wenn wir sie trösten.

In der Angst

[Noten: D D D A / D A D D A / A D D D]

1. In der Angst am Öl-berg hat Je-sus ge-be-tet: Mein Va-ter im Him-mel, bit-te, hilf mir doch! Bit-te, hilf mir doch!

1. In der Angst am Ölberg
   hat Jesus gebetet:
   Mein Vater im Himmel,
   bitte, hilf mir doch!
   Bitte, hilf mir doch!

2. Wenn ich große Angst hab',
   dann darf auch ich beten:
   Mein Vater im Himmel,
   bitte, hilf mir doch!
   Bitte, hilf mir doch!

3. In der Angst am Ölberg
   hat Jesus gebetet:
   Mein Vater im Himmel,
   bitte, steh mir bei!
   Bitte, steh mir bei!

4. Wenn ich große Angst hab',
   dann darf auch ich beten:
   Mein Vater im Himmel,
   bitte, steh mir bei!
   Bitte, steh mir bei!

5. In der Angst am Ölberg
   hat Jesus gebetet:
   Mein Vater im Himmel,
   bitte, bleib bei mir!
   Bitte, bleib bei mir!

6. Wenn ich große Angst hab',
   dann darf auch ich beten:
   Mein Vater im Himmel,
   bitte, bleib bei mir!
   Bitte, bleib bei mir!

Melodie und Text: Gertrud Lorenz

Nach jedem Jesus-Vers soll der Bezug zu uns selbst hergestellt werden, daher gehören die Verse 1 und 2, 3 und 4, 5 und 6, jeweils zusammen.
Jeder möge das ihn ansprechende Text-Paar wählen.

Wir sagen es weiter:
Gott ist immer für uns da,
auch wenn wir Angst haben!

Was tun?

Es gibt verschiedene Möglichkeiten:
Ein Bild von Jesus am Ölberg betrachten (z.B. Bild 1 im Bilderbuch „Jesus ist auferstanden": Württembergische Bibelstiftung Stuttgart, oder das Dia der entsprechenden Reihe).
– aus Knet oder Fimo eine Figur des knienden Jesus herstellen.
– Das Lied „In der Angst am Ölberg" singen.
Von der eigenen Angst erzählen.
– Eines der Gebete in der Angst auf dieser Seite oder beide Gebete gut kennenlernen, damit wir es sprechen können, wenn wir Angst haben.
– Wer möchte, darf ein Gebet kniend wie Jesus sprechen.
– Gruppen können die Szene „Jesus am Ölberg" (evtl. in Pantomime) darstellen. Jeder übernimmt einmal die Rolle Jesu.
– Sich vornehmen, in einer Angstsituation, z.B. bei einem Gewitter, miteinander ein Gebet zu sprechen.

Nicht vergessen:
Manchmal haben wir auch Angst,
dann dürfen wir wie Jesus beten:

Mein Vater im Himmel,
ich habe Angst.
Ich habe große Angst.
Hilf mir in meiner Angst.
Hilf mir, die Angst auszuhalten.
Hilf mir aus der Angst heraus.
Bitte, hilf mir!

oder: Unser Vater im Himmel,
wir haben Angst.
Wir haben große Angst.
Hilf uns in der Angst.
Hilf uns, die Angst auszuhalten.
Hilf uns aus der Angst heraus.
Bitte, hilf uns!

Fünfte Woche in der Zeit vor Ostern

Seite 38/39

3. Vorschlag

Fasten – in der Fastenzeit

Fasten – das ist: auf Essen verzichten

Manche Leute fasten, weil sie krank sind und gesund werden wollen.
Manche Leute fasten, weil sie gesund bleiben wollen.
Manche Leute fasten in der Fastenzeit, weil sie sich auf Ostern vorbereiten wollen.
Das Geld, das sie dabei sparen, geben sie her für Menschen in Not. Es ist ihr „Fastenopfer".

Was tun?

Hier einige Beispiele:

Geduld haben, wenn einer langsam ist.
Sich um Freundlichkeit bemühen.
Nicht wegsehen, wenn einer Hilfe braucht, sondern helfen.
Beim Musikhören Rücksicht nehmen und sie leise stellen.
Aufs Fernsehen verzichten und statt dessen mit einem anderen etwas tun,
das er sich wünscht.
Nach einem Streit bereit sein, wieder Frieden zu schließen.
Eigenes Unrecht zugeben und um Verzeihung bitten.
Beten für einen Menschen, der in Not ist.
Vom Taschengeld etwas hergeben.

Wer macht mit?

Ostern ist das wichtigste Jesus-Fest im ganzen Jahr. Darum bereiten sich Christen in besonderer Weise auf Ostern vor.
Fasten in der Fastenzeit – früher:
bedeutete für katholische Erwachsene Verzicht auf Nahrung. Sie sollten sich jeden Tag nur einmal satt essen.
Fasten in der Fastenzeit – heute:
bedeutet viel mehr! Wir alle, ob groß oder klein, sollen in dieser Zeit in besonderer Weise dazu beitragen, daß das Gute in unserer Welt mehr wird, daß das Gute zum Blühen kommt, wie es in dem alten Lied heißt, das wir am Aschermittwoch kennenlernten.
Unsere Welt
– das ist die Familie oder die Wohngemeinschaft,
– das ist unsere Klasse oder Gruppe,
– das ist unsere Arbeitsstelle,
– das ist überall, wo wir die Freizeit verbringen.

Fasten ist auch

Geld geben für Menschen in Not. Wo gibt es solche Menschen? Bei uns – in der Gemeinde, im Dorf, in der Stadt. (Wir sprechen über die Caritas oder das Diakonische Werk.)
Auch in fernen Ländern, z.B. in Afrika, gibt es Menschen in Not. (Wir sprechen über MISEREOR oder „Brot für die Welt". Informationen kann man sich von dort zuschicken lassen.)

Es gibt noch viel mehr, das wir tun können.

Wir fasten heute – wer macht mit?

Wir verzichten auf Süßigkeiten oder eine Limo. Auf was könnten wir noch verzichten?
Und was machen wir mit dem so gesparten Geld?

Wir geben es her für Menschen in Not, am nächsten Sonntag in der Kirche.
Es ist dann unser „Fastenopfer".
Oder wir sparen, bis wir fünf Mark beisammenhaben oder sogar mehr, und geben das Geld her für Menschen in fernen Ländern, zur Bekämpfung von schweren Krankheiten

Fünf Mark

Wer meint, mit seinem kleinen Geldbetrag könnte er niemandem helfen, der irrt sich.
Wenn fünfzig Kinder eines Kindergartens *einmal* auf eine Süßigkeit verzichten und zehn Pfennig herschenken, gibt das zusammen fünf Mark.
Wenn zehn Leute in einer Gruppe *einmal* auf eine Limonade verzichten, gibt das zusammen fünf Mark.
Fünf Mark – nur fünf Mark kosten 1000 Tabletten eines Medikaments, das drei Jahre lang ausreicht, um einem leprakranken Menschen zu helfen.
Wer nicht weiß, was Lepra ist, soll danach fragen!
Unser „Fastenopfer" können wir beim Gottesdienst in der Kirche hergeben oder an MISEREOR oder „Brot für die Welt" schicken. Wir können dazu schreiben: Für Lepra-Medikamente.

MISEREOR, Mozartstraße 9, 5100 Aachen
Brot für die Welt, Stafflenbergstraße 76, 7000 Stuttgart 1

Verzicht – nicht fordern, sondern vorleben!

Auch ein kleines Lächeln kann andere froh machen

Bitte beachten:
Die hier vorgeschlagenen Anregungen sollten nur sehr behutsam besprochen werden und dürfen auf keinen Fall überfordern.
Fasten – in welcher Weise es auch sein mag – darf angeregt, aber niemals angeordnet oder gefordert werden und darf auch nicht überprüft werden.
Was in diesem Bereich geschieht oder geschehen soll, gehört in den Intimbereich eines jeden Menschen, auch in den des Kindes oder des Geistigbehinderten.

Fünfte Woche in der Zeit vor Ostern

Seite 40/41

4. Vorschlag

Den Frühling sehen – hören – spüren – riechen

Sehen

Jedes Jahr freuen wir uns aufs neue, wenn wir Zeichen des Frühlings entdecken, und es immer mehr und mehr werden. Auch wenn es manchmal noch kalt ist und vielleicht sogar schneit, wissen wir, daß der Winter vorbei ist.

Bei unseren Spaziergängen sollten wir dorthin gehen, wo wir schon öfter waren, um die Veränderungen an Sträuchern und Bäumen zu beobachten:

An manchen Sträuchern und Bäumen ist die Veränderung der Knospen nicht zu übersehen. Einige haben womöglich schon kleine grüne Spitzen oder gar Blätter.

Die Weidenruten bekommen silbergraue Kätzchen, oder sind sie schon dick und gelblich?

An geschützten Stellen in den Gärten bei den Häusern beginnt der Strauch gelb zu blühen, den wir „Forsythie" nennen.

Im Garten finden wir selbst in kälteren Gegenden die ersten Schneeglöckchen, Krokusse, Veilchen, Primeln und vielleicht sogar frühe Tulpen und Osterglocken.

Auf den Wiesen erfreut uns die Schlüsselblume, am Wegrand der unscheinbare, gelbe Huflattich und im Wald das Buschwindröschen oder die Wald-Anemone.

Hören:

Draußen, aber oft auch drinnen im Zimmer können wir jetzt auch das Singen und Zwitschern der Vögel hören.

Wir müssen nur genau hinhören.

Spüren:

Wenn die Sonne scheint, möchten wir uns am liebsten draußen auf eine Bank setzen oder spielen. Sie wärmt uns jetzt schon viel mehr als vor einigen Wochen.

Riechen:

Riechen können wir den Frühling auch, aber jeder muß selber herausfinden, welche der Blumen, die jetzt blühen, duften.

Was tun?

Möglichst mit anderen zusammen:
- Spazierengehen und sehen und hören und spüren und riechen.
- Über die entdeckten Anzeichen des Frühlings sprechen.
- Anderen davon erzählen.
- Darauf achten, wo in Gärten oder Parks Hecken, Sträucher und Bäume geschnitten werden. Zweige für Palmsonntag, den Osterbaum und Tischschmuck mit nach Hause nehmen und in Wasser stellen.
- Zu Hause ein Dankgebet sprechen.
- Anschließend das Danklied auf dieser Seite singen.

Lobt alle Gott

1. Lobt alle Gott. Lobt alle Gott. Lobet alle Gott für die Tage und die Nächte, für den Morgen und den Abend. Lobt alle Gott. Lobt alle Gott. Lobet alle Gott.

2. Lobt alle Gott. Lobt alle Gott. Lobet alle Gott für die Berge und die Täler, für die Flüsse und die Meere. Lobt alle Gott ...

3. Lobt alle Gott. Lobt alle Gott. Lobet alle Gott für die Pflanzen und die Bäume, für die Fische und die Vögel. Lobt alle Gott ...

4. Lobt alle Gott. Lobt alle Gott. Lobet alle Gott für die Tiere auf dem Lande und für alle, alle Menschen. Lobt alle Gott ...

Melodie und Text: Gertrud Lorenz

Ein Dankgebet

Guter Gott,
wir sind von unserem Spaziergang zurück. Es war richtig schön. Darum wollen wir dir danken.

Wir haben gesehen, daß es Frühling wird.
Wir danken dir.

Wir haben uns über die Blumen gefreut.
Wir danken dir.

Wir haben Knospen mit grünen Spitzen entdeckt.
Wir danken dir.

Wir haben das Singen vieler Vögel gehört.
Wir danken dir.

Wir haben uns von der Sonne wärmen lassen.
Wir danken dir.

Ja, guter Gott, wir danken dir
für den Frühling. Amen.

(Den Satz „Wir danken dir" können alle mitsprechen.)

Gertrud Lorenz

Der Text dieses Liedes kann so verändert werden:

1. Dankt alle Gott. Dankt alle Gott. Danket alle Gott für die schönen Frühlingsblumen und die ersten grünen Blätter. Dankt alle Gott ...
2. Dankt alle Gott. Dankt alle Gott. Danket alle Gott für die warmen Sonnenstrahlen und die Vögel, die jetzt zwitschern (singen). Dankt alle Gott ...

Veränderter Text: Gertrud Lorenz

Sechste Woche in der Zeit vor Ostern

Seite 42/43

1. Vorschlag

Für Palmsonntag vorbereiten

- *Zweige mit Bändern*

- *einen kleinen Buschenstrauß*

- *Weidenruten mit Kätzchen für den Kirchgang*

Zweige mit Bändern

Diese Zweige sollen uns daran erinnern, daß am Ende dieser Woche der Palmsonntag ist. Es dürfen kahle Zweige sein, ihre Knospen öffnen sich im warmen Raum.

Für jede Person genügt ein Zweig, etwa 30 cm lang. An seine Spitze wird ein farbiges Band geknüpft. Ist es ein Band aus Kreppapier, befestigen wir es mit einer kleinen Stecknadel. Die herunterhängenden Teile des Bandes sollen ungleich lang sein.

Abends nimmt jeder seinen Zweig mit an sein Bett (in sein Zimmer) und stellt ihn dort in eine Vase (Flasche) mit Wasser. Morgens bringt er ihn zurück zum gemeinsamen Tisch, ins gemeinsame Zimmer.

In der Heiligen Woche – der Karwoche – kann das mit den Zweigen ohne den Bändern fortgesetzt werden, ebenso an Ostern oder in der ganzen Osterwoche evtl. mit blühenden Zweigen, falls solche beschafft werden können.

Den Osterbaum vorbereiten

So machen wir es:

In eine Vase mit Wasser legen wir einige Steine, damit sie nicht so leicht umfällt, wenn der Osterbaum ganz geschmückt ist.

Nun stellen wir in die Vase Zweige, egal ob mit oder ohne Blätter.

Wollen wir Zweige mit Blüten, z.B. Forsythien, müssen wir regelmäßig die welken Blüten entfernen. Bald folgen kleine grüne Blätter nach, die auch hübsch aussehen.

Vorläufig hängen wir heute nur ein bemaltes ausgeblasenes Ei oder Ei aus Styropor auf.

Jeden Tag oder jeden zweiten Tag hängen wir wiederum bemalte Eier dazu. Am Karsamstag soll der Baum fertig, also voll geschmückt sein.

Eine Vase, darin Zweige

1. Ei-ne Va-se, da-rin Zwei-ge, kahl o-der mit Blät-tern dran: Das wird un-ser O-ster-baum.

2. Eine Vase, darin Zweige und ein buntes Ei daran: Das wird unser Osterbaum.
3. Eine Vase, darin Zweige und zwei (drei, vier …) bunte Eier dran: Das wird unser Osterbaum.
4. Eine Vase darin Zweige, viele bunte Eier dran: Das ist unser Osterbaum.
5. Eine Vase, darin Zweige, viele bunte Schleifen dran: Das ist ein Geburtstagsbaum*.

Melodie und Text: Gertrud Lorenz

* Soll das Lied zum Geburtstag erfreuen, wird er am Tag vorher oder einige Tage vorher mit wenigen, am Geburtstag dann mit vielen bunten Schleifen geschmückt.

Wenn wir einen anderen gekränkt haben, bitten wir: „Du – verzeih"

Buschen- oder Palmsonntag-Strauß

Mancherorts ist es Brauch, zu Palmsonntag einen Palmbuschen oder Palmstock oder Palmstecken herzustellen. Das sind Kunstwerke aus Buchs oder anderen immergrünen Zweigen, die mit Eiern auf Drähten, mit Palmkätzchenruten, Bändern oder sogar mit Kreuzen verziert und auf einem Stecken befestigt werden. Diese Stecken werden bei der Palmprozession, einem Gang der Leute in der Kirche oder um die Kirche herum, mitgetragen.

Wo es Sitte ist, diese Buschen mit Bändern zu verzieren, stoßen sie die Buben, die sie tragen, bei jedem Schritt auf den Boden, damit die Bänder hochfliegen.

Wo es Sitte ist, zu wetteifern, wer den längsten und schönsten Palmbuschen hat, basteln die Buben und jungen Männer Buschen von besonderer Schönheit, womöglich mit mehreren Sträußen und an sehr lange Stecken. Im Schwarzwald kann man solche Buschen ab und zu im Garten vor einem Haus sehen.

Im Allgäu basteln die Jungen Palmstecken für die Kranken und bringen sie ihnen nach dem Gottesdienst ins Haus. Dafür bekommen sie meist etwas Geld für Menschen in Not.

So richten wir uns einen Palmsonntags-Strauß her: Aus immergrünen Zweigen, z.B. von Buchs, Scheinzypresse, Lebensbaum, binden wir einen möglichst dichten Strauß. Die Zweige dafür brauchen nicht länger als 20 cm zu sein.

Den Teil, an dem wir den Strauß halten, umwickeln wir fest mit einem grünen Band (auch Wolle oder Kreppapier) und kleben das Ende mit Alleskleber fest.

Für den Gang zur Kirche

können wir unseren Strauß, aber auch nur einen immergrünen Zweig, egal wie lang er ist, oder eine Palmkätzchenrute herrichten.

Übrigens: Kennen wir einen Kranken, dem wir am Palmsonntag einen Zweig oder einen Palmsonntags-Strauß bringen könnten?

Sechste Woche in der Zeit vor Ostern

Seite 44/45

2. Vorschlag

Jesus wird gefangengenommen

Nach dem Abendmahl hat Jesus am Ölberg gebetet.
Davon haben wir gehört.
Und so geht es weiter:
Jesus ist noch mit den Jüngern am Ölberg.
Plötzlich kommen Soldaten.
Sie nehmen Jesus gefangen*.
Sie bringen ihn zu seinen Feinden.
Seine Feinde sagen: „Jesus muß sterben.
Jesus muß am Kreuz sterben."*
Die Jünger haben große Angst.
Sie laufen davon.

(Vgl. Mk 14,43.50.53; vereinfacht: Gertrud Lorenz.)

Nach dem Erzählen dieses Abschnitts ist es unerläß-
lich, einen tröstlichen Ausblick auf Ostern anzubieten:
Es ist gut, daß wir wissen:
Am Kreuz ist nicht alles zu Ende.
Es kommt Ostern.
Jesus bekommt von Gott ein neues Leben.
Und wir feiern an Ostern, daß Jesus lebt.

* Es bleibt jedem, der diesen Abschnitt erzählt, überlassen, ob
er den Verrat des Judas, die Verurteilung Jesu vor dem Hohen
Rat und vor Pilatus und die Verleugnung durch Petrus erwähnen will. Er soll das im Blick auf seine Zuhörer und ihr Fas-
sungsvermögen, aber auch im Blick auf ihre evtl. sehr sensiblen
Gefühle entscheiden.

Was fällt uns zu der Geschichte ein?

- daß Menschen gefangengenommen werden, wenn
  sie ein Verbrechen begangen haben.
- daß wir das aus Spielfilmen kennen.
- daß wir davon auch in den Nachrichten hören.
- daß in manchen Ländern Menschen gefangengenommen werden, die gar keine Verbrecher sind.
- daß Jesus wie ein Verbrecher gefangengenommen
  wurde und gar kein Verbrecher war.

Wir fragen:

Warum wurde Jesus wie ein Verbrecher gefangengenommen?
Und warum mußte Jesus sterben? Er war doch gut zu
den Menschen.
Antwort-Versuche:
Weil seine Feinde nicht verstehen konnten, daß er zu
allen Menschen gut war.
Weil Jesus nicht nur für die gesunden, die reichen und
die gescheiten und wichtigen Leute dasein wollte, sondern auch und vor allem für die Kranken, die armen,
die nicht so gescheiten und die unwichtigen Leute.

Beachten: Die Antwort muß dem Verständnis der Angesproche-
nen angepaßt sein.
Es kann durchaus auch bei der Feststellung bleiben: Wir können es nicht verstehen.

wir beten:

Jesus, wir bitten dich für alle, die gefangengenommen werden.

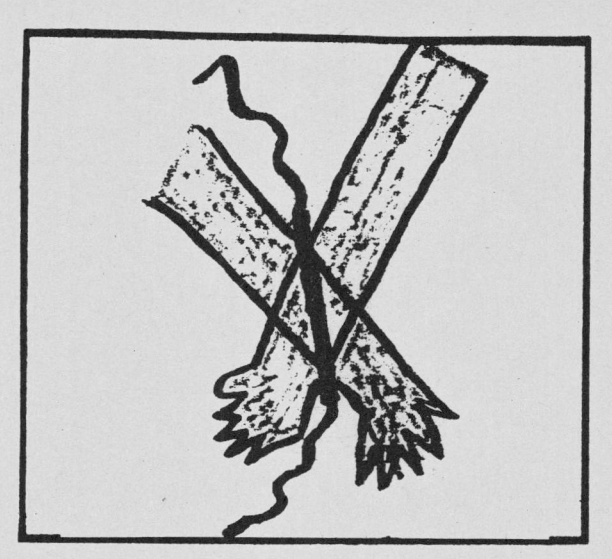

Was tun?

- Bild 2 im Bilderbuch „Jesus ist auferstanden" betrachten.
- Den ersten Vers des Liedes „Jesus, du bist so gut" singen.
- Eventuell über Filme oder Geschichten reden, in denen Menschen gefangengenommen wurden.
- Von Menschen hören, die gefangengenommen wurden und die gar keine Verbrecher sind. (Nur – wenn das Thema verstanden wird und nicht zu bedrückend wirkt.)
  Ein Gebet für diese Menschen kann sich anschließen.
- In der Gruppe kann die Szene als Pantomime dargestellt werden.
- Merken, wie es ist, gefangen und gefesselt zu sein: Jeder „fesselt" einem anderen mit einem Band aus Kreppapier (etwa 1 m lang, 2 cm breit) die Hände und führt ihn durch den Raum.
  Selbst wenn das Band nicht verknotet und jederzeit zerreißbar ist, wird doch deutlich, was gemeint ist.
- ein Bild malen zur Jesus-Geschichte.

Jesus wird gefangengenommen

Arbeit einer Schülerin der Christian-Hiller-Schule in Stuttgart (Schule für geistig Behinderte)

Jesus, du bist so gut

Je - sus, du bist so gut. A - ber die Men - schen neh - men dich ge - fan - gen.

2. Jesus ..., aber die Menschen tun dir weh mit Dornen.
3. Jesus ..., aber die Menschen lachen dich gemein aus.
4. Jesus ..., aber die Menschen schlagen dich mit Stöcken.
5. Jesus ..., aber die Menschen laden dir das Kreuz auf.
6. Jesus ..., aber die Menschen hängen dich am Kreuz auf.

Melodie und Text: Gertrud Lorenz

Sechste Woche in der Zeit vor Ostern

Seite 46/47

3. Vorschlag

Wir richten die Osterkerze

Dazu brauchen wir:
1 weiße Kerze, wenigstens 5 cm dick, damit sie auch ohne Kerzenständer in einem Teller oder in einer Schale gut steht;
Knet-Wachs-Platten in verschiedenen Farben: Gelb, Rot, Grün;
oder dicke Farbstifte „edding 500" (nachfüllbar).
So machen wir es:
- Zuerst waschen wir die Hände, weil das Weiß der Kerze empfindlich ist.
- Vom Knetwachs nehmen wir die nötigen kleinen Portionen erst ab, wenn wir es in der Hand erwärmt haben.
- Beim Bemalen mit Farbstiften achten wir sehr darauf, daß unser Werk zwischendurch immer wieder trocknet, damit es nicht verschmiert.

Vorschläge zur Gestaltung der Osterkerze

Ein Kreuz, umgeben von vielen Strahlen (1)
oder: ein Kreuz mit wenigen Strahlen (2)
oder: ein Kreuz, innen breit, außen schmal (3)
oder: ein Kreuz, innen verziert mit bunten Punkten (4)
oder: eine Sonne mit vielen Strahlen (5)
oder: ein mit Blumen verziertes Kreuz (6).

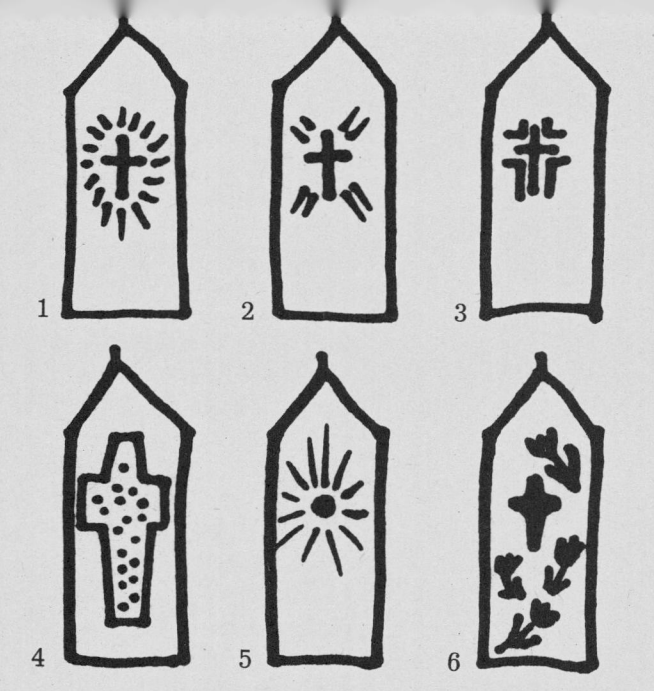

Vorschläge zum Umlegen der Kerze

Kerze in einer Schale mit Moos umlegen
oder: Kerze in einen Kranz von Buchs-, Lebensbaum- oder Zypressenzweigen stellen*.
Kerze in eine selbstgesäte kleine Wiese stellen. Es wird höchste Zeit, sie einzusäen;
oder: Kerze in einer etwas tieferen Schale mit Sand umgeben, ihn anfeuchten und Blätter, Blumen oder kleine Zweige hineinstecken. Leere Stellen im Sand mit Kieselsteinen bedecken.
Das Moos holen wir erst kurz vor dem Fest und halten es feucht.
Nach Blättern, Blumen und kleinen Zweigen suchen wir im Garten oder an Wegrändern, oder wir fragen im Blumengeschäft oder beim Gärtner danach.

* Die immergrünen Zweige für die Osterkerze oder für den Ostertisch rechtzeitig besorgen! Sie dürfen kurz sein. Wo eine Hecke geschnitten wird oder in einer Baumschule nachfragen.

Diese österlichen Symbole können auch zum Bemalen von Eiern für den Osterbaum verwendet werden. Wer möchte, kann auf die Osterkerze noch die Jahreszahl aus Knetwachs drücken oder sie aufmalen. Wir überlegen auch schon heute, ob wir die Kerze zu Ostern in einem Kerzenständer aufstellen oder sie in einer Schale (einem Teller) umlegen.

*Wer langsam ist,
geht uns auf die Nerven.
Wir wollen Geduld haben.*

Unser Licht ist hell

1. Unser Licht ist hell. Alle sollen es sehen. Unser Licht ist hell.
2. Unser Licht ist schön. Alle sollen es wissen. Unser Licht ist schön.
3. Unser Licht macht froh. Alle sollen sich freuen. Unser Licht macht froh.
4. Unsre Kerze brennt. Alle sollen sie sehen. Unsre Kerze brennt.

Melodie und Text: Gertrud Lorenz   Auch auf der Kassette „Biblische Spiellieder"

Wir lernen das Kerzen-Lied. Die zu Ostern passenden Verse finden wir auf Seite 99.

Zu einer Feier mit Kerzen und evtl. einer Prozession bietet der Anhang auf Seite 98 ein passendes Lied mit Versen, die sich auf Ostern beziehen.

Sechste Woche in der Zeit vor Ostern

Seite 48/49

4. Vorschlag

Jesus wird ausgelacht und geschlagen

Wir haben gehört:
Jesus wird gefangengenommen.
Seine Feinde sagen:
Jesus muß am Kreuz sterben.
Und so geht es weiter:
Die Soldaten nehmen Jesus mit.
Sie legen ihm einen roten Mantel um.
Er soll aussehen wie ein König.
Sie setzen ihm auch eine Krone auf den Kopf.
Es ist eine Krone aus Dornen.
Sie tut Jesus weh.
Aber die Soldaten lachen.
Sie lachen Jesus aus.
Sie verspotten ihn.
Und sie schlagen ihn.

(Vgl. Mk 15,16–20a, vereinfacht: Gertrud Lorenz.)

Es ist gut, daß wir wissen:
Für Jesus kommt Ostern.
Dann ist all das Böse vorbei.
Jesus muß nicht mehr leiden.

Was fällt uns zu dieser Geschichte ein?

... daß schrecklich ist, wenn wir ausgelacht oder geschlagen werden.

... daß wir zeigen dürfen, wenn es uns weh tut.

... daß es Jesus weh getan hat, als er ausgelacht und geschlagen wurde.

... daß er also weiß, wie schrecklich das ist.

und:

... daß wir Jesus sagen dürfen, wie uns zumute ist, wenn wir ausgelacht oder geschlagen wurden. Zum Beispiel so:

Du, Jesus, ich bin ausgelacht worden.
Das war gemein.
Ich bin furchtbar wütend,
und traurig bin ich auch.
Hilf mir, daß ich es bald wieder vergesse.

aber auch:

... daß wir selber manchmal einen anderen auslachen.

... daß wir selber manchmal einen anderen schlagen.

... daß wir uns danach entschuldigen und um Verzeihung bitten sollten.

Vom Ausgelacht-Werden und Selber-Auslachen

Manchmal lacht uns ein anderer aus. Das tut uns weh. Das beleidigt uns. Wir werden wütend und traurig zugleich.
Manchmal lacht ein anderer über uns, meint es aber gar nicht so böse. Er denkt nur nicht daran, daß es uns weh tun könnte.
Auch das macht uns oft wütend und traurig. Aber eigentlich muß das nicht sein. Der andere hat es ja nicht böse gemeint.
Manchmal lachen wir selber auch einen anderen aus. Das tut ihm weh. Das beleidigt ihn. Dann ist er wütend und traurig zugleich.
Manchmal lachen wir über einen anderen und meinen das gar nicht böse. Wir denken nur nicht daran, daß es ihm weh tun könnte.
Trotzdem wird der andere womöglich wütend und traurig. Das muß nicht sein. Wir haben es doch gar nicht böse gemeint.

Jesus hat erlebt, was viele Menschen erleben müssen. Darum wollen wir ihn für alle Menschen bitten, die ertragen müssen, daß sie ausgelacht oder geschlagen werden.
Wenn uns einer weh tut,
möchten wir am liebsten davonlaufen oder vor Wut um uns schlagen, oder den anderen verhauen
und den Kopf hängen lassen, weil wir traurig sind, oder gar in Tränen ausbrechen.

Wir beten:
Jesus, wir bitten dich für alle, die ausgelacht werden.

Wir beten:
Jesus, wir bitten dich für alle, die geschlagen werden.

Was sollten wir tun?

Wenn wir lachen – mitten im Lachen merken, daß es dem anderen weh tut, und schnell aufhören mit dem Lachen.
Und dann entschuldigen wir uns und sagen ihm, daß wir es nicht so böse gemeint haben.

Wenn über uns gelacht wird – nicht gleich lostoben und losschreien und auch nicht gleich in Tränen ausbrechen.
Denn vielleicht hat es der andere auch nicht so böse gemeint und wollte uns gar nicht weh tun.

Was tun?

- Bild 4 im Bilderbuch „Jesus ist auferstanden" ansehen.
- Vom Lied „Jesus, du bist so gut" auch die Verse 2 bis 4 singen.
- Über das Wehtun reden (siehe Text).
- Über das Ausgelacht-Werden und das Selber-Auslachen reden.
- Es nicht vergessen: Wenn wir einem anderen weh getan haben, entschuldigen wir uns und bitten um Verzeihung.
- Aus Knet oder Fimo eine Figur von Jesus herstellen, an der deutlich wird, daß er traurig ist. (Er läßt den Kopf hängen.)

Palmsonntag – der Sonntag vor Ostern

Jesus zieht in Jerusalem ein.

Daran erinnern wir uns heute.

Vom Einzug Jesu in Jerusalem haben wir schon einmal gehört (Seite 6).
Weil die Leute in Jerusalem Palmzweige nahmen, um Jesus zuzuwinken, bekam der heutige Tag, der letzte Sonntag vor Ostern, den Namen „Palmsonntag".
Als Jesus lebte, war es beim jüdischen Laubhüttenfest üblich, Palmen- und Weidenzweige zu tragen, um Gott zu loben, und dazu ein Lied mit dem Zwischenruf „Hosianna" zu singen.

Den Palmzweig hinter das Kreuz stecken

Was tun?

allein oder mit anderen zusammen

- Zum Gottesdienst in die Kirche einen Zweig oder mehrere Zweige, oder einen kleinen Strauß aus Buchs mitnehmen.
- Zu Hause einen Zweig oder auch zwei Zweige kürzen und hinter das Kreuz an der Wand stecken

- Einen Palmsonntagszweig oder einen kleinen Strauß aus Buchs zu einem Kranken oder einsamen Menschen bringen.
- Unseren kleinen Palmstrauß neben der Haus- oder Wohnungstüre aufhängen.
- Einer darf die Geschichte von Jesu Einzug in Jerusalem vorlesen.
- Alle zusammen singen das Lied: „Jesus kommt nach Jerusalem".
- Oder zu einer kurzen Feier zusammensitzen, mit Zweigen in den Händen die Geschichte hören und/oder das Lied singen und ein Gebet sprechen (siehe unten).

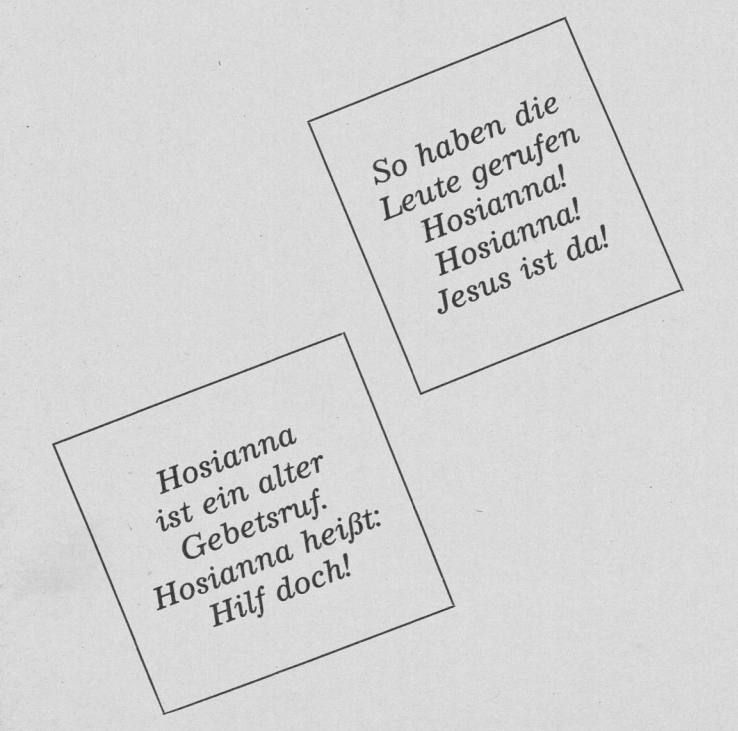

Gebet am Palmsonntag

Einer: Jesus, lieber Herr, wir haben heute von deinem Einzug in Jerusalem gehört.
Alle: Jesus, wir grüßen dich.
Einer: Du bist auf einem Esel gesessen.
Alle: Jesus, wir grüßen dich.
Einer: Viele Leute haben zum Winken Zweige genommen.
Alle: Jesus, wir grüßen dich.
Einer: Viele Leute haben Hosianna gerufen.
Alle: Jesus, wir grüßen dich.
Einer: Um dich zu grüßen, haben wir eine Kerze angezündet.
Alle: Jesus, wir grüßen dich.
Einer: Um dich zu grüßen, halten wir Zweige in den Händen.
Alle: Jesus, wir grüßen dich.
Einer: Amen.

Gertrud Lorenz

So haben die Leute gerufen
Hosianna!
Hosianna!
Jesus ist da!

Hosianna ist ein alter Gebetsruf. Hosianna heißt: Hilf doch!

Wem könnten wir einen Palmsonntagszweig bringen?

Die Heilige Woche

Seite 52/53

Montag in der Karwoche

Wir müssen noch verschiedenes vorbereiten

Wenn wir verreisen, nehmen wir mit:

- eine Vase und bemalte Eier für einen kleinen Osterbaum.
  Zweige und Steine finden wir beim ersten Spaziergang am Urlaubsort;
- eine Osterkerze (nicht so dick, damit sie nicht so schwer ist) mit einem Kerzenständer, Streichhölzer;
- pro Person eine Kerze mit Tropfenfänger (Anleitung für den Tropfenfänger siehe unten);
- die vorbereiteten Ostergrüße nicht vergessen;
- den Osterkalender, auch die Seiten mit den Jesus-Geschichten ab der zweiten Woche;
- Farben und Malblock oder Schreibpapier ohne Linien;
- ein Kassettenrecorder und zweierlei Kassetten mit festlicher Musik;
- die für den Ostermorgen selbstbesungene Kassette;
- Instrumente;
- auf den Seiten von Gründonnerstag bis Karsamstag nachsehen, was zusätzlich für diese Tage benötigt wird;
- evtl. Knetmasse, aus ihr läßt sich schnell ein Kerzenständer zu vorübergehendem Gebrauch herstellen: eine Kugel formen – etwas flach drücken – Kerze hineindrücken.

Wenn wir noch Geschenke brauchen,

besorgen wir Kerzen, etwa 8 cm lang und 2,5 cm dick und gestalten sie als Osterkerzen. Wenn sie fertig sind, wickeln wir sie erst in Klarsichtfolie und dann in Geschenkpapier oder in eine farbige Serviette.

Der Herr ist auferstanden

1. Der Herr ist auf-er-stan-den. Gott hat ihn auf-er-weckt.
Wir freu-en uns von Her-zen; denn Je-sus, Je-sus lebt.

2. Der Tod ist überwunden,
und es ist alles gut.
Wir freuen uns von Herzen,
denn Jesus, Jesus lebt.

Melodie und Text: Gertrud Lorenz

Wir basteln besonders große Tropfenfänger

Für die häusliche Osternachtfeier brauchen wir pro Person eine dünne, weiße Kerze, etwa 20 cm lang. Wer möchte, kann auch sie als Osterkerze herrichten, also mit einem Kreuz aus Knetwachs oder einem gemalten Kreuz verzieren.

Für jede Kerze fertigen wir einen Tropfenfänger von besonderer Größe an. Er verhindert Wachstropfen auf Kleidung, Tisch und Boden und sieht zugleich festlich aus.

Dazu brauchen wir:
Starkes Papier, 1 Teller ⌀ 20 cm, Alleskleber, 1 Joghurtglas oder Trinkglas, Schere, Farben, 1 Kerze dünn, Kreppapier

6. Fransen aus Kreppapier vorbereiten
7. Fransen aufkleben

So wird der Tropfenfänger gemacht:

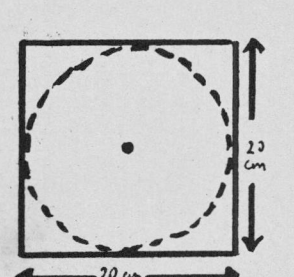

1. Tropfenfänger auf starkes Papier aufzeichnen
2. Anmalen
3. Ausschneiden
4. Mitte mit Milchdosenpiekser einstechen 
5. Von Mitte aus sternförmig einschneiden; Vorsicht, Kerze muß fest sitzen. Nicht weit einschneiden! 
8. Kerze in die Mitte eindrücken Kerze *hier* in der Hand halten

So Tropfenfänger auf dem Glas ablegen. Die Kerze soll *nicht* unten im Glas aufstehen

Die Heilige Woche

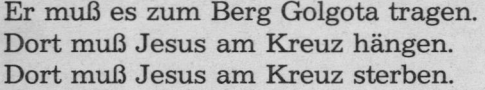

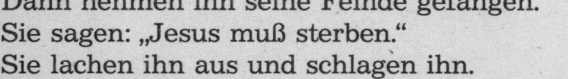

Dienstag in der Karwoche

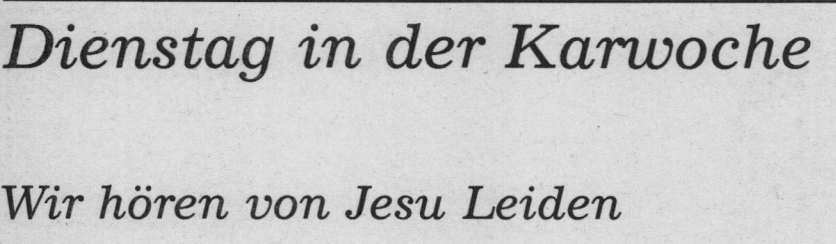

Wir hören von Jesu Leiden

Nach dem Abendmahl betet Jesus in der Angst am Ölberg.
Dann nehmen ihn seine Feinde gefangen.
Sie sagen: „Jesus muß sterben."
Sie lachen ihn aus und schlagen ihn.
Dann laden sie Jesus das Kreuz auf.
Er muß es zum Berg Golgota tragen.
Dort muß Jesus am Kreuz hängen.
Dort muß Jesus am Kreuz sterben.
Nach seinem Tod nehmen ihn Jünger vom Kreuz ab.
Sie legen ihn in ein Grab.
Vor den Eingang wälzen sie einen großen Stein.
Sie sind sehr traurig.

(Vgl. Joh 18,12 und 19,2–42, vereinfacht: Gertrud Lorenz.)

Jesu Feinde sagen:
„Es ist gut, daß er tot ist.
Jetzt ist es mit ihm vorbei."
Aber wir müssen nicht traurig sein.
Jesus bleibt nicht tot (im Tod).
Gott gibt ihm ein neues Leben.
Jesus lebt,
darum dürfen wir Ostern feiern.

Wie zur Erzählung vom Leiden Jesu
der Hinweis auf Ostern gehört, gehört zur

Was tun?

Von Jesu Leidensweg hören
und – Bilder dazu malen
oder – ein Karfreitagskreuz und ein Osterkreuz malen
und – das Lied „Jesus, du bist so gut" und danach das Osterlied „Freut euch alle" singen.

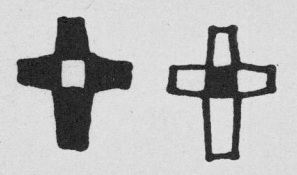

Karfreitagskreuz und Osterkreuz

Wir stellen ein Karfreitagskreuz und ein Osterkreuz dar. Diese zwei Kreuze sollen ganz unterschiedlich aussehen.
Das Karfreitagskreuz kann mit einer dunklen Farbe angemalt werden: Dunkelrot, Dunkelblau, Dunkelgrün, Violett – aber nicht Schwarz! Weil zum Karfreitag Ostern gehört, soll die Mitte des Kreuzes hell bleiben, z. B. gelb.

Das Osterkreuz soll hell sein wie die Mitte des ersten Kreuzes. Damit wir nicht vergessen, daß Ostern und Karfreitag zusammengehören, malen wir die Mitte des Osterkreuzes dunkel (mit der Farbe des Karfreitagskreuzes) an.

Vorschlag für Ungeübte oder für Gruppen:
Wer im Malen ungeübt ist oder wer zusammen mit anderen diese Kreuze gestalten will, bemalt verschiedene evtl. kleinere Blätter mit Finger- oder Wasserfarben oder mit breitgelegten Wachsmalstiften.
Aus den bemalten Blättern werden Ecken ausgeschnitten. Aus den dunkleren wird ein Karfreitagskreuz und aus den helleren ein Osterkreuz als Mosaik geschaffen.

Wir gestalten auf sechs gleich großen Malbogen fünf Szenen von Jesu Leiden und ein Osterbild.
Die Bilder befestigen wir nebeneinander oder in Form eines Kreuzes (siehe Skizze) mit Stecknadeln an der Wand oder mit Klebeband an einer Tür.
In jedes Bild oder darunter schreiben wir, was es darstellt, oder lassen es hineinschreiben. Es genügen Stichworte, die wir, wenn möglich, miteinander suchen (z. B. zu Bild 1: „Angst" oder „Beten" oder „Jesus betet")

Die Bilder vom Leiden Jesu können auch mit Glasmalstiften auf Dias aus Glas gemalt und an einer Leinwand gezeigt werden.
In diesem Falle sollten die einzelnen Texte gesprochen werden.

Den Pfarrer ansprechen: Vielleicht dürfen die Bilder (mit einem Hinweis auf die, die sie geschaffen haben) in der Kirche aufgehängt werden.

Wir drücken uns nicht, wenn einer Hilfe braucht, sondern helfen.

Die Heilige Woche

Seite 56/57

Mittwoch in der Karwoche

Was tun?

allein oder mit anderen zusammen

- Eier färben,
- einen Korb für die Osterspeisen vorbereiten,
- eine Osterkette basteln.

Hier einige Tips zum Eierfärben:

- *Damit sich die Vorbereitungen auf das Fest nicht häufen, färben wir heute schon die Eier.*
- *Wir besorgen Eierfarben.*
- *Wir richten uns nach der Gebrauchsanweisung, die auf der Packung steht.*
- *Gummischürze und Gummihandschuhe leisten uns beim Färben gute Dienste.*
- *Hartgekochte Eier bleiben lange gut. Auch wenn es hübsch aussieht, sollten nur wenige in einem Korb zum Essen bereitstehen. Die anderen gehören in den Kühlschrank.*
- *Wer weiche Eier lieber mag, kocht sie kurze Zeit in einem Farbbad mit 2- bis 3facher Farbmenge.*
- *Damit die Eier glänzen, reiben wir sie mit Öl oder einer Speckschwarte ein.*

Übrigens:
Wer am Ostermorgen frische, farbige Eier auf dem Frühstückstisch haben will, bewahrt einen kleinen Topf mit Farbe auf, um die Eier darin zu kochen.

Vom Segnen der Osterspeisen

Es ist ein alter Brauch, am Ostersonntag einen Korb mit „Osterspeisen" zur „Speisensegnung" oder „Speisenweihe" zur Kirche mitzunehmen. Sie findet vor oder nach der Meßfeier statt.

Das Segnen der Speisen hat keine Zauberkraft, sondern gilt den Menschen, die diese Speisen essen. Bei jedem Ei, das sie essen, sollen sie sich an Jesu neues Leben erinnern lassen. Jedes Ei sollen sie daher in Freude über Ostern und in Dankbarkeit essen.

In Österreich sagt der Priester bei der Speisenweihe „Das Ei sei dir, Gott, zum Dank gegessen, zum Zeichen der Wiederauferstehung unseres Herrn.

Manche Leute bringen nur gefärbte Eier, andere stellen ein gebackenes Osterlamm in die Mitte der Eier. In manchen Gegenden gehört zu den Osterspeisen auch ein Brot, ein Stück Schinken und etwas Salz in einem Glas.

Nicht vergessen:

Wir erkundigen uns, ob die Segnung der Osterspeisen zu Beginn oder am Ende des Ostersonntagsgottesdienstes stattfindet, um auch dann dabeizusein, wenn wir nicht an der ganzen Feier teilnehmen können.

Zu Ostern – Eier färben

Das farbige Osterei gibt es schon lange. Bis zum 15. Jahrhundert gab es nur rote Eier. Dann kamen andere Farben dazu. Griechische Gastarbeiter essen nach dem Ostergottesdienst in der Kirche rote Ostereier. Es gibt auch natürliche Eierfarben, die man in Drogerien und Apotheken kaufen kann. Wer experimentieren will, versuche es z.B. mit roter Bete, Blättern von Blaukraut, Brennesseltee und mit schwarzem Tee.

Eine Osterkette

Wer ausgeblasene Eier übrig hat, kann eine Osterkette herstellen und sie an die Lampe über dem Eßtisch oder neben der Haus- oder Wohnungstür aufhängen.

Wir brauchen:
- ausgeblasene Eier,
- Bindfaden,
- Holz- oder Glasperlen,
- evtl eine lange Stopfnadel.

So machen wir es:
- Am Anfang des Bindfadens eine Perle festbinden und einige Perlen einfädeln.
- Es folgen ein Ei und einige Perlen jeweils im Wechsel.
- Die letzte Perle wird wieder gut verknüpft.
- Durch diese Perle (und die Perle am Anfang) einen dünnen Faden ziehen und verknoten. An ihm die Kette aufhängen.

Wer macht mit?

Wir richten einen kleinen Korb für Osterspeisen her, um ihn am Ostersonntag zur Kirche mitzunehmen.
So machen wir es:
Einen flachen Korb legen wir mit einem farbigen Tuch oder einer Serviette aus. Beides darf außen ein bißchen herunterhängen.
In das Tuch oder die Serviette kommt etwas künstliches Gras.
Ist der Korb tiefer, füllen wir ihn teilweise mit geknülltem Papier und legen darauf Tuch und Gras.
Oder wir legen aufs Papier eine Plastikfolie und auf sie eine Lage Moos, das wir rechtzeitig im Wald besorgen und ein wenig feucht halten müssen. Darauf oder dazwischen haben die Eier ihren Platz.

Wir singen das Lied vom Ei

im Anhang Seite 88.

Die Heilige Woche

Seite 58/59

Gründonnerstag

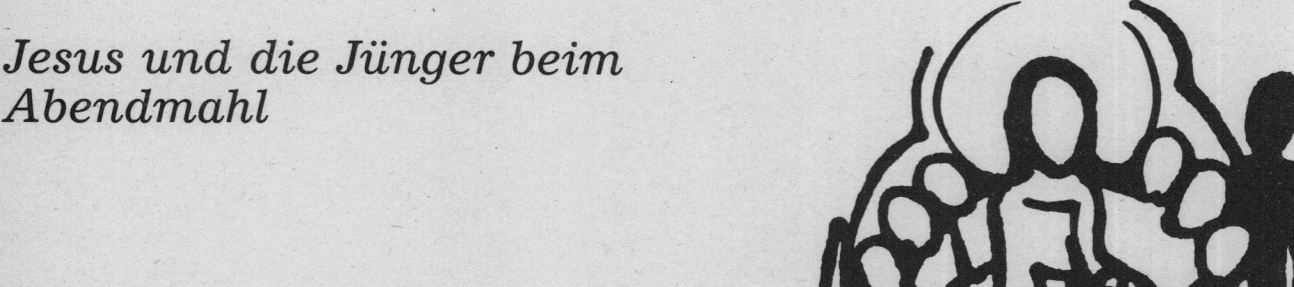

Jesus und die Jünger beim Abendmahl

Jesus gibt den Jüngern Brot. Jesus gibt den Jüngern Wein.

Zu jedem Fest gehört, daß Menschen miteinander essen und trinken, sogar zum Abschiedsfest.
Auch Jesus hat zum Abschied von seinen Jüngern mit ihnen ein festliches Mahl gehalten.
Das Abendmahl war also ein Abschiedsessen.
Dabei gab Jesus den Jüngern Brot und Wein.

Wir alle sind Jünger von Jesus.

Wie können wir gute Jünger werden?

Wenn wir so leben, wie Jesus es will:
Wenn uns andere Menschen nicht egal sind.
Wenn wir versuchen, sie froh zu machen.
Wenn wir helfen und trösten.
Wenn wir Menschen, die Kummer haben, nicht allein lassen.

Was tun?

Es gibt verschiedene Möglichkeiten:
- Vom Abendmahl hören oder selber erzählen und das Bild ansehen.
- Über das Jüngersein miteinander reden.
- Zu einer kurzen Feier zum Gründonnerstag zusammenkommen. Vorschläge dazu im Anhang Seite 94.
- Oder zusammensitzen, vom Werden des Brotes und Weines hören oder selber erzählen und miteinander Brot essen und Traubensaft oder Wein trinken.
- Ein Kreuz aus Zweigen für den Karfreitag basteln und hören, was am Abend des Gründonnerstags nach der Meßfeier in der Kirche geschieht.
- Am Gottesdienst in der Kirche teilnehmen.

Beim Basteln des Kreuzes erzählen:

Am Gründonnerstag findet in katholischen Kirchen der Gottesdienst zur Erinnerung an das Abendmahl auch am Abend statt.
Am Ende der Feier wird der Altar abgeräumt. Kreuz, Blumen, Kerzen und Altartuch werden weggenommen.
Das geschieht zur Erinnerung an Jesu Leiden, das nach dem Abendmahl begann.
In manchen Kirchen sind als Zeichen der Trauer über Jesu Leiden und Tod Bilder und Kreuze mit Tüchern umhüllt.

Aber auch:
Wenn wir beten und Gott sagen, was uns wichtig ist.
Wenn wir froh und dankbar sind, weil Gott uns liebhat.
Wer heute abend mit anderen zusammen sein und über das Werden von Brot und Wein reden oder davon hören will
und wer mit anderen zusammen frisches Brot und Traubensaft und Wein genießen will,
muß einiges vorbereiten.
Vorschläge im Anhang Seite 95.

Bitte beachten:
Dieses Zusammensein soll keine vereinfachte Abendmahlfeier sein, sondern das Werden von Brot und Wein sowie das Genießen von Brot, Traubensaft und Wein zum Inhalt haben.

Zu Beginn des Zusammenseins könnte man sagen:

Heute ist Gründonnerstag, der Tag, an dem wir ganz besonders an das Abendmahl denken, zu dem Jesus seine Jünger eingeladen hat.
Beim Abendmahl gab er ihnen Brot und Wein.
Wir wollen heute vom Werden des Brotes und des Weines hören und darüber reden. Dann wollen wir frisches Brot und danach Trauben essen und Traubensaft und Wein trinken.
Anschließend singen wir das Lied vom Abendmahl, basteln ein Kreuz aus Zweigen und hören, was am Abend des Gründonnerstags nach der Meßfeier in der Kirche geschieht.

Unser Dank für das, was andere für uns tun, macht froher, wenn wir „Vielen Dank" sagen.

Die Heilige Woche

Seite 60/61

Karfreitag

*Am Karfreitag hat Jesus
das Kreuz getragen.*

*Am Karfreitag ist Jesus
am Kreuz gestorben.*

*Heute am Karfreitag wollen wir noch
einmal davon hören.*

Dazu zünden wir eine Kerze an. Text im Anhang Seite 100.

Was tun?

Es gibt verschiedene Möglichkeiten

– Mit dem gestern gebastelten Kreuz in der Hand von
  Jesu Leiden hören.
– Die Bilder 2, 4, 5, 6, 8 und 9 im Bilderbuch „Jesus ist
  auferstanden" ansehen (oder die entsprechenden
  Dias aus der Reihe „Was uns die Bibel erzählt").
– Über das Kreuz-Tragen reden und vielleicht vom ei-
  genen Kreuz erzählen.
  Es auf ein Kreuz aus Papier malen oder schreiben
  und es an einen Gebetsteppich heften (oder Pinn-
  wand)*.

Woher kommt das Wort „Karfreitag"?

Kara bedeutet: Klage und Kummer.
Karfreitag bedeutet: Tag der Klage und des Kummers
über Jesu Leiden und Sterben.
Trotzdem ist der Karfreitag kein trauriger, bedrücken-
der Tag, denn nach dem Karfreitag kommt Ostern.

*Jesus hat das Kreuz getragen.
Viele Menschen tragen ein Kreuz.*

Am Karfreitag gehen in manchen Ländern die Menschen zur Erinnerung an Jesus mit einem Kreuz in der
Hand singend und betend in einer Prozession durch
die Straßen.

*Viele Menschen tragen ein Kreuz,
nicht nur am Karfreitag.*

Wie ist das gemeint?
Wenn Menschen etwas Schweres – ein Leid – zu tra-
gen haben, sagen wir:
Sie haben ein Kreuz zu tragen.
Zu allem, was uns das Leben schwermacht, sagen wir:
Das ist ein Kreuz.
Ein Kreuz tragen müssen – das kann bedeuten:

- Das Fürbittlied singen.
  Zu Hause oder in der Kirche eine Karfreitagsfeier gestalten**.
- Ein Kreuz aus gebastelten (siehe Anhang Seite 103) oder echten Blumen legen
- Nach dem Gottesdienst am Nachmittag in eine katholische Kirche gehen und beim Kreuz, das auf den Stufen vor dem Altar liegt, niederknien und beten:

Jesus, du bist an einem Karfreitag am Kreuz gestorben.
Du lebst jetzt beim guten Gott.
Wir grüßen dich.

* Das Kreuz in Originalgröße im Anhang Seite 105.
** Vorschläge dazu im Anhang Seite 102.

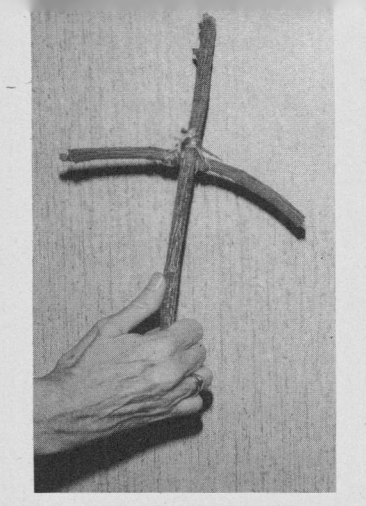

Leid zu tragen,
Sorgen zu haben,
Kummer zu haben,
Angst zu haben,
Schmerzen zu haben,
krank zu sein,
behindert zu sein,
traurig zu sein,
verlassen zu sein,
enttäuscht zu sein,
gekränkt zu sein,
Neid zu ertragen,
Unfreundlichkeit zu ertragen,
Ungerechtigkeit zu ertragen,
Not zu leiden
und vieles andere.

Wem könnten wir helfen, sein Kreuz zu tragen?
Wem sollten wir danken, weil er uns hilft, unser Kreuz zu tragen?

```
Jeder bekommt
ein Kreuz aus
festem Papier.
  Darauf hält er
(evtl. unterstützt von
anderen) schriftlich
oder im Bild fest, was
er als sein Kreuz emp-
findet, das er zur Zeit
oder immer zu tragen hat.
  Beispiele:
Mein Kummer:
Mutter mag die
Schwester mehr
als mich.
  Oder: Bin trau-
rig, habe oft
Anfälle, muß
viel Medizin
nehmen. (Bild:
Dose mit Pillen)
```

Fürbittlied

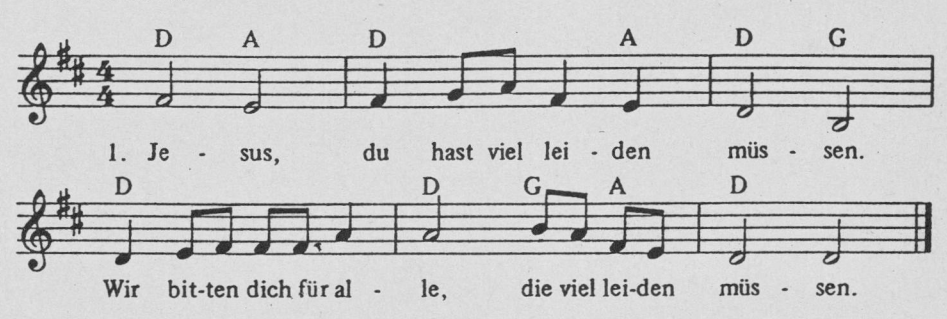

1. Jesus, du hast viel leiden müssen. Wir bitten dich für alle, die viel leiden müssen.
2. Jesus, sie haben dich gefangen. Wir bitten dich für alle, die im Gefängnis sind.
2. Jesus, sie haben dich verspottet. Wir bitten dich für alle, die verspottet werden.
4. Jesus, sie haben dich geschlagen. Wir bitten dich für alle, die geschlagen werden.
5. Jesus, du hast das Kreuz getragen. Wir bitten dich für alle, die ein Kreuz ertragen.
6. Jesus, du bist am Kreuz gestorben. Wir bitten dich für alle, die bald sterben werden.

Melodie und Text: Gertrud Lorenz

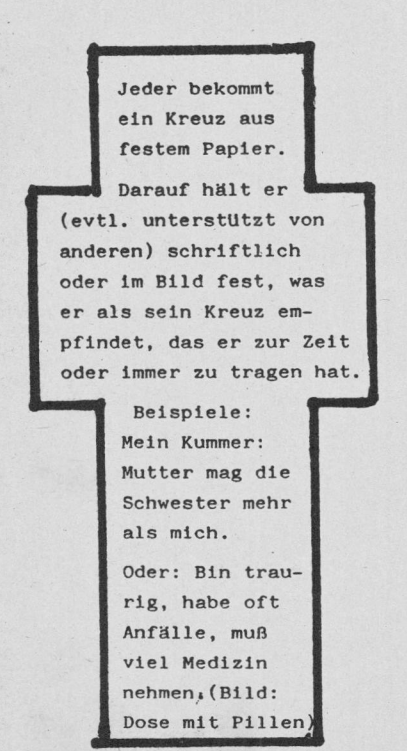

Die Heilige Woche

Seite 62/63

Karsamstag

Der Tag der Grabesruhe Jesu, aber auch der Tag, an dessen Ende wir die Osternacht feiern.

In der Osternacht

- *feiern wir die Auferstehung Jesu,*
- *singen wir „Christus, das Licht"*
  oder: „Freut euch alle, Jesus lebt",
- *bekommen wir das Osterlicht,*
- *geben wir das Osterlicht weiter.*

Freut euch alle, Jesus lebt.
Wie das geschehen ist,
weiß nur Gott.

Die Feier der Osternacht in der Kirche

Mit der Feier der Osternacht beginnt am Abend des Karsamstags das Osterfest.
Die Osternacht ist die Nacht des Lichts.
Vor der katholischen Kirche brennt das Osterfeuer.
Das Licht für die Osterkerze wird von diesem Feuer genommen.
Mit der brennenden Osterkerze zieht der Priester in die völlig dunkle Kirche ein und mit ihm die Leute, die um das Feuer standen.
In der dunklen Kirche brennt zuerst nur das Licht der Osterkerze.
Beim Einzug in die Kirche mit der Osterkerze singt der Priester dreimal: „Christus, das Licht", und alle singen als Antwort: „Dank sei Gott."
An der Osterkerze werden andere Kerzen angezündet, und das Licht dieser Kerzen wird weitergegeben, bis alle Leute eine brennende Kerze in der Hand halten und die Kirche von den vielen Lichtern ganz hell ist.

Was tun?

- Die Osternachtfeier vorbereiten.
- Die Osterkerze mit frischem Grün oder Moos umlegen (siehe Seite 47).
- Die Osterkette über dem Tisch oder am Rahmen der Haus-/Wohnungstür anbringen.
- Den Korb für die Segnung der Osterspeisen richten und kühl stellen.
- Den Osterbaum schmücken (oder dies gemeinsam in der Feier tun).

Wir bereiten uns auf Ostern vor: Wir bitten Gott und unsere Mitmenschen um Verzeihung.

Die Osternacht zu Hause feiern

Ähnlich beginnen wir die Osternachtfeier im häuslichen Kreis am Abend des Karsamstags.
Im dunklen Raum brennt nur eine Öllampe oder ein Teelicht. Daran wird die Osterkerze angezündet.
Der liturgische Ruf wird durch den Refrain des Liedes „Freut euch alle, Jesus lebt", den einer vorsingt und den alle wiederholen, ersetzt.
Nun dürfen alle ihre Kerze mit dem Tropfenfänger (siehe Seite 53) an der Osterkerze anzünden, oder sie bekommen die brennende Kerze überreicht.
Stehend oder um einen Altartisch gehend wird ein Osterlied gesungen. Anschließend werden die Kerzen auf bereitstehenden Gläsern abgestellt.
Es folgen die Ostererzählung und ein Gebet. Das Osterlied zum Schluß wird mit klingenden Instrumenten, Glöckchen aller Art, Triangeln, Flöten usw. begleitet.
Im Schein der Kerzen und bei festlicher Musik schließt sich ein kleines Ostermahl an. Es gibt auf Partyspießchen allerlei Wurst, Käse, Gurken und Obststücke und dazu im Backofen aufgebackenes Weißbrot.

Anregungen zur Feier der Osternacht im Anhang Seite 108.

Kommt, wir singen Halleluja

1. Kommt, wir singen Halleluja, denn der Herr Jesus lebt.
Kommt, wir singen Halleluja, denn der Herr Jesus lebt.

Melodie: Gertrud Lorenz / Text: Gertrud Lorenz und Rolf Krenzer

Viele Verse mit Anregungen zum Tun beim Singen im Stehen und Sitzen im Anhang Seite 107.

Ostersonntag

Kommt, wir singen Halleluja!

Halleluja – bedeutete früher:
Preiset Jahwe!
Halleluja – bedeutet heute:
Lobet Gott!

Festtage geben uns Gelegenheit, Gemeinsamkeit zu pflegen, wozu besinnliches Feiern, festliches Essen, Singen, Unterwegssein und gemeinsames Spiel gehören. Auch wo keine Kinder sind, tragen Spiele zu gelöster Stimmung und allgemeinem Spaß bei.

Vorschlag:
Jeder äußert einen Spielwunsch. Er wird notiert. Durch Lose werden die Spiele bestimmt. Wer heute nicht drankommt, hat morgen eine Chance.

Der Tag beginnt festlich

Wir läuten mit Glöckchen zum Wecken.
Wir stellen die selbstgestaltete Kassette aus.
Wir wünschen einander ein frohes Osterfest.
Dazu geben wir uns die Hand oder umarmen uns.
Wir schmücken den Eßtisch mit immergrünen Zweigen und Basteleien und zünden die Osterkerze an.

Ein einfaches Würfelspiel

Wir brauchen: 3 Würfel und ein Blatt Papier mit Kästchen (Rechenheft).
Wer Einser würfelt, bekommt in seine Kästchenreihe einen Strich (Kreuz).
Gewürfelt wird immer nur einmal. Wer mit seinen Strichen (Kreuzen) unten am Blatt angekommen ist, hat gewonnen.
Um Kinder oder Behinderte mit anderen Zahlen vertraut zu machen, kann die Sechs, später die Zwei ... drankommen.
Unser behinderter Sohn hat dieses Spiel sehr geliebt, vor allem, als er die Striche und später die Kreuze selbst in die Liste eintragen durfte. Der Gewinner wurde von allen in den Arm genommen.

Abendgebet am Ostersonntag

Lieber Herr,
am Abend dieses Ostertags wollen wir danken.
So vieles hat uns Freude gemacht.
Das Läuten mit den Glöckchen am Morgen.
Die Kassette mit den Oster- und Frühlingsliedern.
In der Kirche war es schön.
Daß wir uns umarmt haben zum Frohe-Ostern-Wünschen.
Unser Eßtisch war geschmückt.
Die Osterkerze hat zu jeder Mahlzeit gebrannt.
Das Suchen der Ostereier hat Spaß gemacht.
Mit den Geschenken haben wir uns Freude bereitet.
Der Spaziergang war kurz, aber schön.
Das Spielen hätte noch viel länger dauern können.
Und erst das Tanzen!
Wir müßten öfter tanzen.
Zum Schluß wollen wir noch ein Osterlied singen.
Dann ist der Tag zu Ende.
Lieber Herr, wir danken für den schönen Tag.
Alle: Wir danken für den schönen Tag. Amen.

Zwei weitere Osterlieder im Anhang auf Seite 89.

Was tun?

- Eine Osterfeier in der Kirche besuchen oder zu Hause selber gestalten. Anregungen im Anhang Seite 108. Es eignen sich auch Teile der Osternachtfeier;
- Osterlieder singen;
- den Osterhasen spielen und etwas verstecken;
- Ostereier suchen;
- Spazierengehen;
- draußen oder drinnen miteinander spielen;
- miteinander tanzen. Das gehört auch zum Feiern!

Wir feiern Ostern

1. Wir feiern Ostern, der Herr ist nicht mehr tot.
   Er lebt jetzt für immer beim guten Gott.
   Er lebt jetzt für immer beim guten Gott.
2. Wir feiern Ostern, der Herr bleibt uns ganz nah.
   Denn er hat gesagt: Ich bin für euch da.
3. Wir feiern Ostern, Halle-Halleluja.
   Der Herr lebt für immer und bleibt uns nah.

Melodie und Text: Gertrud Lorenz

Die Segnung der Osterspeisen nicht vergessen!

Ostermontag

Seite 66/67

*Der Frühling vertreibt
den Winter*

Bald ist es soweit, selbst wenn
noch ab und zu Schnee fällt.
Die meisten Frühlingsblumen
überstehen das ohne Schaden.

Was tun?

- Ins Freie gehen und auf die Anzeichen des Frühlings achten und einander aufmerksam machen: auf
Blumen, kleine Blätter oder Blüten, auf die Wärme
der Sonne ...;
- unsere Gäste anstecken mit unserer Freude und unserem Staunen;
- nach der Heimkehr das Lied „Freut euch alle mit"
singen und/oder das Gebet sprechen;
- in „Herders buntem Lexikon" oder anderen Büchern Frühlings- und Wiesenblumen ansehen;
- andere zu einer Osterfeier mit Kerzen einladen.
Ablauf z.B.: Anzünden der Kerzen wie in der Osternacht (siehe dort), Osterlied, Kerzenspiel zu einem
Kerzenlied, siehe Anhang Seite 98/99, kurzes Dankgebet.

Ostern, das Fest des Lichts

Licht ist schöner als Dunkelheit. Kinder empfinden
das besonders.
Schon das Licht einer einzigen Kerze kann einen
Raum erhellen und uns still, froh und getrost werden
lassen.

Der Frühling

Der Frühling bietet uns Bilder für neues Leben

Da sind die Bäume und Sträucher, die wieder Blätter oder Blüten treiben. An unseren Zweigen konnten wir es auch beobachten.
Da sind die Samenkörner, die trocken und leblos aussahen und deren Aufgehen wir erlebten.
Da sind die Wiesen, die (bald schon) frisches Grün und die ersten Blumen zeigen.
Wenn wir uns heute noch nicht lange draußen aufhalten können, schauen wir „Herders buntes Lexikon" oder andere Bücher an, in denen wir Frühlingsblumen finden.

Jesus sagt: Ich bin das Licht für die Welt
(Joh 8,12)

Was ist damit gemeint?
Wenn wir Kummer und Leid, Trauer und Angst zu tragen haben, ist das Leben für uns dunkel und schwer.
In all den Dunkelheiten des Lebens will Jesus für uns wie ein Licht sein, das unser Leben heller und froher macht, das Zuversicht schenkt, Mut macht und tröstet.
Das sollten wir nie vergessen!
Wir sollten auch nicht vergessen, daß dieser Jesus, den die Jünger seit seiner Auferstehung Jesus Christus nennen, unser aller Freund ist.

Gebet der Freude über den Frühling

Du guter Gott,
wir freuen uns über den Frühling.
Alle: Wir freuen uns.
Wir freuen uns über die Blumen.
Alle: Wir freuen uns.
Wir freuen uns über die Wiesen.
Alle: Wir freuen uns.
Wir freuen uns über die Sonne.
Alle: Wir freuen uns.
Wir freuen uns über die neuen Blätter
(und Blüten) an Bäumen und Sträuchern.
Alle: Wir freuen uns.
Wir freuen uns, daß wir beisammen sind.
Alle: Wir freuen uns.
Danke, guter Gott,
für alle Freude im Frühling.

(Nicht Zutreffendes weglassen.)

Ein Lob tut jedem gut.
Wen loben wir heute?

Freut euch alle mit

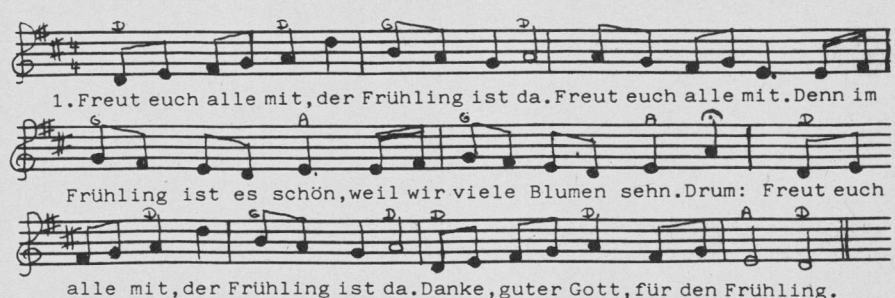

1. Freut euch alle mit, der Frühling ist da. Freut euch alle mit. Denn im Frühling ist es schön, weil wir viele Blumen sehn. Drum: Freut euch alle mit, der Frühling ist da. Danke, guter Gott, für den Frühling.

(Evtl. auch: Freut euch alle mit, der Frühling kommt bald ...)

2. Freut euch alle mit, denn Ostern ist da ...
   Unser Heiland Jesus Christ wieder auferstanden ist.
   Drum: Freut euch alle mit, denn Ostern ist da!
   Danke guter Gott, Dank für Ostern.

3. Freut euch alle mit, das Pfingstfest ist da ...
   Weil der Herr uns alle liebt, er uns seine Stärkung gibt.
   (oder: er den Heilgen Geist uns gibt.)
   Drum: Freut euch alle mit, das Pfingstfest ist da!
   Danke, guter Gott, für das Pfingstfest.

Melodie und Text: Gertrud Lorenz

Die Woche nach Ostern

Seite 68/69

1. Vorschlag

Hansi, der Zwerghase

Unser Sohn Andreas, dreizehn Jahre alt, geistig behindert, kennt Tiere nur aus der Ferne. Darum wollen seine älteren Geschwister ihm zu Ostern einen Zwerghasen schenken.

Beim Suchen am Ostersonntag stößt Andreas im Garten auf einen Kasten, der mit einem Tuch bedeckt ist. „Das gehört dir", verkündet Angelika, die Schwester, und zieht das Tuch weg. Zum Vorschein kommt ein Stall mit einem kleinen Hasen. Andreas ist sprachlos, was bei ihm selten vorkommt. Es ist kaum zu übersehen, daß ihn dieses Geschenk wenig begeistert. Da es anfängt zu regnen, bringen wir den Stall mit dem neuen Hausgenossen ins Trockene. Sein Besitzer betrachtet ihn immer wieder skeptisch aus sicherer Entfernung. Er ist nicht zu bewegen, den Stall zu öffnen und das kleine Tier zu streicheln. Beim Abschied von seiner Schwester, die nicht mehr zu Hause wohnt, deutet er auf den Hasen und meint: „Den kannst du auch mitnehmen!" Worauf sie sehr entschieden entgegnet: „O nein, der gehört dir."

„Jawohl", bestätige ich, „der gehört dir, darum bringe ich ihn jetzt in dein Zimmer." Behutsam trage ich den Stall in des Jungen Zimmer und stelle ihn ans Fußende seines Bettes auf den Boden. Unserem Hasenbesitzer ist anzumerken, daß er sich nur zögernd ins Unvermeidliche fügt. Um ihn abzulenken, ermuntert ihn sein Bruder, dem Hasen einen Namen zu geben. Kurzentschlossen nennt Andreas ihn Hansi.

Unser Hansi macht Männchen und holt Äpfel vom Tisch

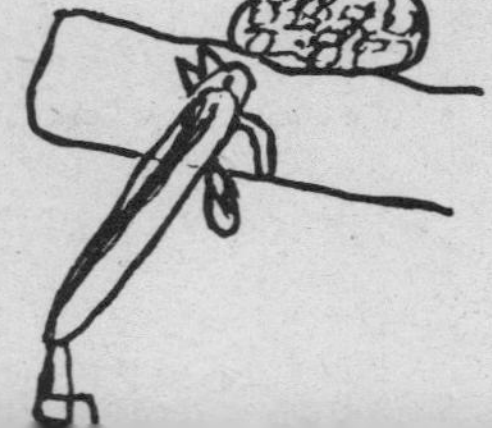

Mein Zwerghase
Wir haben einen Zwerghase und es heißt Hansi, Hansi ist manchmal mein liebes Hasentier, und er läßt sich streicheln von uns daß ist lieb.
Manchmal hüpft mein Hase auf mein Sofa in mein Schlaf und Wohnzimmer mein Hase frißt jeden Tag eine Gelbe Rübe und Heu und sein Kraftfutter.
Andreas säubert das Hasenstall und das Körbchen, und dazu brauche ich:
Zeitungen – Streu – Holzwolle für das Hasenkörbchen.
Zeitungen – Frisches Heu – Futter in den Freßnapf für den Hasenstall.
Mein Hase schnuppert im Frischen Stall Er macht ein Männchen und sagt Danke schön ich spiele gerne mit meinem Hasen auf mein Sofa

Andreas Lorenz

zwischendurch in sein Zimmer zurück, um sich dort alleine zu beschäftigen. Und am Abend läßt er auch ganz gegen seine Gewohnheit seine Zimmertüre offen. Um ihn zu beruhigen, zeige ich ihm, wie er den Hasenstall verriegeln kann. Nach einem „Gute Nacht, ihr beiden", schließe ich die Tür.

Am nächsten Morgen hören wir unseren Sohn „Guten Morgen, Hansi!" sagen. Dann ist es wieder still. Wir vermuten, daß er nochmals eingeschlafen ist, doch plötzlich ruft er mit heller Stimme: „Papa, Mama, schnell, schnell, kommt!" Beunruhigt stürzen wir in sein Zimmer. Er liegt mit dem Kopf am Fußende des Bettes, zeigt auf seinen Hasen und meint entzückt: „Guckt mal, er frißt Rübe. Ooooh ist das nett!"

Hansi sitzt im Stall

Fortan gilt sein erster Gruß am Morgen und sein letztes Wort am Abend dem Hasen Hansi. Nach einigen Tagen wagt er ihn schon zu streicheln, doch es dauert Wochen, bis es ihm gelingt, das Zappelvieh – wie er ihn nennt – aus dem Stall zu nehmen. Er lernt, daß sein Tier auch versorgt werden muß. Anfangs reinigen wir den Stall gemeinsam, und ich zeige ihm dabei, auf was es ankommt. Längst schon bringt er Hansi selber das Futter und die tägliche Mohrrübe, die er vorher unter fließendem Wasser abgebürstet hat. Dann beobachtet er vergnügt, wie sie ihm schmeckt. Eines Tages legt er sie nicht gleich in den Stall, sondern erklärt dem Tier: „Augenblick, Hansi, erst kommt dein Freßgebet." Und er betet: „Lieber Gott, segne unseren Hasen und seine Nahrung. Amen."

Fast täglich beschäftigt er sich längere Zeit mit seinem Tier. Meist liegt er dabei auf dem Bauch am Boden oder auf seiner Couch, den Hasen zwischen seinen Armen, immer bereit, ihn am Wegrennen zu hindern. Reagiert dieser darauf mit Knurren, tadelt ihn der Junge: „Warum knurrst du mich an? Das ist aber nicht nett von dir!"

unser Hansi liegt

Gelingt es Hansi, ihm zu entwischen, beginnt eine Hasenjagd durch die ganze Wohnung, bis es dem Verfolgten zu dumm wird und er in seinen Stall hüpft. Läßt der Junge ihn dann in Ruhe, kommt er von selber wieder, macht Männchen und schnuppert an unseres Sohnes Hand.

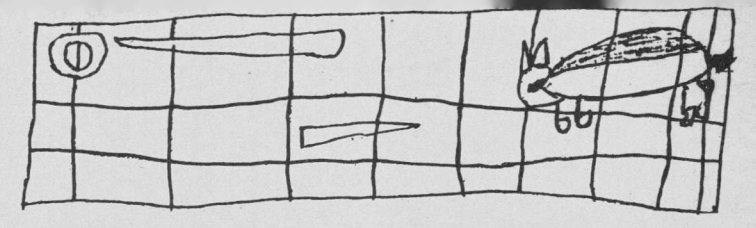

So ärgerlich dieser über die Flucht des Tieres sein mag, reizt es ihn während der Jagd doch wieder zu herzlichem Lachen, wenn es nach Hasenart direkt vor dem Wegrennen mit den Hinterbeinen auf den Boden klopft und völlig unerwartet Haken schlägt. Wir Eltern wiederum lachen über unseres Sohnes Hasen-Aussprüche. Im Winter streichelt er das Tier und sagt: „Du hast es gut, Hansi. Du hast ein dickes Fell. Ich hab' bloß eine dünne Haut."

Bei einem Gewitter nimmt er den Hasen in den Arm: „Komm, Hansi, ich nehm' dich. Du bist ja ganz blaß!"

Ganz besonders erheitert uns seine empörte Feststellung: „Aber Hansi, ich beiß' dich doch auch nicht! Laß das bitte!"

Eines Tages schimpfe ich, weil ich wieder einmal Hasenkügelchen auf dem Teppich finde. Sofort nimmt Andreas den Hasen auf den Arm und meint mitleidig: „Mama, ich glaube, er weint!" Und etwas später: „Hansi hat mir versprochen, er macht es nicht mehr!"

Nach einem langen Krankenhausaufenthalt bekommt unser Sohn als Trost einen Kassettenrecorder. Von seiner Vorliebe für Interviews ist auch der Hase betroffen. Es kommen herrliche Kassettenaufnahmen zustande. Die netteste heißt: Hansi beim Arzt. Anknüpfend an seine Erlebnisse im Krankenhaus untersucht Andreas das Tier nach allen Regeln der Kunst und spricht die Ergebnisse auf Kassette. Zusätzlich hält er auf einem Krankenblatt den Pulsschlag fest. Er schätzt seine Temperatur, indem er die Hand an die Hasenstirn legt: „O je, du hast ja mindestens vierzig Fieber." Er erkundigt sich: „Hast du Stuhlgang gehabt?" Der Patient knurrt dreimal, weil er nicht länger festgehalten sein möchte, doch Andreas deutet das so: „Dreimal hast du Stuhlgang gehabt. Das ist aber recht!" Zuletzt meint er: „Du bist noch sehr krank. Du mußt brav im Bett bleiben." Er packt das arme Tier in ein improvisiertes Bett und schimpft fürchterlich, weil es durchaus nicht darin liegenbleiben will.

Nun ist Hansi schon einige Jahre bei uns. Andreas, der ihn am ersten Tag gleich wieder loswerden wollte, kann sich ein Leben ohne ihn gar nicht mehr vorstellen.

Die Woche nach Ostern

Seite 70/71

Zwei Jünger haben Sorgen

Drei Tage nach Jesu Tod gehen zwei Jünger von Jerusalem weg. Sie wollen nach Emmaus.

Die beiden Jünger haben große Sorgen. Bei jeder Sorge legen wir einen Stein auf das Tuch in der Mitte unserer Runde (unseres Tisches).

Jesus, ihr Herr ist am Kreuz gestorben (1. Stein).

Darüber sind sie sehr traurig (2. Stein).

Ohne ihn fühlen sie sich ganz verlassen (3. Stein).

Sie sind mutlos und haben Angst (4. Stein).

Sie können nicht verstehen, daß es so gekommen ist (5. Stein).

Sie wissen nicht, was sie jetzt tun sollen (6. Stein).

Evtl. mehr Punkte anfügen.

Zum Erzählen der Geschichte von den Jüngern, die Sorgen haben, brauchen wir:

- pro Person 1–2 Steine, wenigstens jedoch 6 Steine;
- in der Mitte der Sitzrunde oder des Tischs ein farbiges Tuch, in dem die Steine hochgenommen werden können;
- die Osterkerze und Streichhölzer;
- in die Mitte der Sitzrunde evtl. einen niederen Tisch oder Schemel, auf den Tuch und Steine gelegt werden können.

Zwei Jünger gehn nach Emmaus

(Ein Spiellied)

1. Zwei Jün-ger gehn nach Em-maus. Das Gehn fällt ih-nen schwer. Bei-de sind so schrecklich trau-rig, bei-de sind so schreck-lich trau-rig; denn ihr Herr, er lebt nicht mehr.

Diese Sache hier sind ein richtiger Sorgenhaufen. Laßt uns das Tuch hochnehmen (allein, zu zweit), um zu spüren, wie schwer diese Sorgen-Steine sind.

Wir verstehen, daß die Jünger traurig und bedrückt sind.
Wir verstehen, daß sie von Jerusalem weggehen wollen.
Auf dem Weg nach Emmaus sprechen sie über alle ihre Sorgen. Plötzlich geht Jesus neben ihnen her. Doch sie sind wie blind. Sie erkennen ihn nicht. Er ist für sie wie ein Fremder.
Er fragt sie: „Von was redet ihr denn? Und warum seid ihr so traurig?" Die Jünger antworten: „Wir reden von Jesus und von seinem Tod am Kreuz. Wir verstehen nicht, daß es so kommen mußte."
Sie erzählen dem Fremden von allem, was sie bedrückt. Es tut ihnen gut, daß er zuhört. Wir nehmen den 1. Stein weg vom Tuch.
Dann erklärt er ihnen, warum es mit Jesus so gekommen ist. Er sagt: „Es steht in der Bibel: Der Messias muß leiden und sterben."
Die Jünger sind froh, daß der Fremde mit ihnen geht. Sie fühlen sich nicht mehr so verlassen (2. Stein weg).
Sie kommen nach Emmaus und bitten ihn: „Bleibe bei uns, denn es ist bald Abend." Da bleibt er bei ihnen.
Er setzt sich mit ihnen zu Tisch. Er nimmt Brot und spricht ein Dankgebet. Er bricht das Brot auseinander und gibt es ihnen. Jetzt geht ihnen auf: Das ist Jesus. Er tut dasselbe wie beim Abendmahl. Daran erkennen sie ihn. Doch dann sehen sie ihn nicht mehr. (Einer zündet die Osterkerze an.)
Trotzdem wissen die Jünger jetzt: Jesus lebt. Und sie wissen auch, daß er mit ihnen nach Emmaus ging. Sie sagen: „Darum wurde uns so warm ums Herz, und darum wurden wir so froh, als er mit uns redete."
Aber – warum haben die Jünger Jesus nicht erkannt? Weil er verwandelt war. Das neue Leben, das er von Gott bekam, hat ihn verändert.
Auch die beiden Jünger sind jetzt verändert, verwandelt. Jesus hat ihre Sorgen von ihnen genommen. Sie sind nicht mehr traurig, sondern froh (3. Stein weg). Sie sind nicht mehr voller Angst, sondern mutig (4. Stein weg). Sie wissen jetzt, daß Jesus lebt (5. Stein weg). Sie wissen auch, was sie jetzt tun sollen (6. Stein weg).
Noch am selben Abend gehen sie nach Jerusalem zurück. Voll Freude erzählen sie den anderen Jüngern, was sie erlebt haben. Sie sagen: „Jesus ist auferstanden. Er lebt. Er ist mit uns gegangen. Er hat mit uns am Tisch gesessen. Wir haben ihn am Brotbrechen erkannt."
Der vereinfachte Text Lk 24,13–35 zum Vorlesen im Gottesdienst steht im Anhang auf Seite 110.

Aus den Anregungen auf dieser Seite kann ein Gottesdienst zusammengestellt werden. Siehe auch im Anhang Seite 110.

2. Zwei Jünger gehn nach Emmaus.
   Ein Fremder spricht sie an:
   Sagt, was ist passiert, ihr Männer?
   Sagt, was hat man euch getan?
3. Zwei Jünger gehn nach Emmaus.
   Sie können nicht verstehn,
   daß ihr Herr am Kreuz mußt' sterben.
   Ach, wie konnte das geschehn?
4. Zwei Jünger gehn nach Emmaus.
   Der Fremde sagt: So hört,
   es steht alles in der Bibel,
   was mit Jesus ist passiert.
5. Zwei Jünger sind in Emmaus.
   Sie bitten: Komm ins Haus,
   lieber Fremder, und bleib bei uns.
   Iß mit uns und ruh dich aus.
6. Zwei Jünger sind in Emmaus.
   Sie setzen sich zu Tisch
   mit dem Fremden, der das Brot nimmt,
   dankt und es dann für sie bricht.
7. Zwei Jünger sind in Emmaus.
   Der Fremde ist ihr Herr.
   Sie erkennen ihn mit Freuden,
   doch dann sehn sie ihn nicht mehr.
8. Zwei Jünger gehn von Emmaus
   schnell nach Jerusalem.
   Allen sagen sie: Der Herr lebt.
   Wir zwei haben ihn gesehn.

Melodie und Text: Gertrud Lorenz

Viele Leute haben Sorgen

„Wie geht's?" fragen wir andere. Manche sagen dann: „Ganz gut", aber wir merken doch, daß sie etwas bedrückt. Manche sagen: „Es geht mir nicht besonders gut" und verraten uns vielleicht, daß sie Sorgen haben.
Wer Sorgen hat, der ist bedrückt, dem ist schwer ums Herz. Sorgen können wie die Steine sein, die hier liegen, schwer und bedrückend. Darum sagen Leute, die eine Sorge los sind: „Mir fällt ein Stein vom Herzen!"
Wir nehmen einige Steine in die Hand (in die Hände) und prüfen, wie schwer sie sind.
So schwer wie diese Steine können auch Sorgen sein.
Wir reden über Sorgen, die wir kennen, und zählen auch Sorgen auf: traurig sein, sich verlassen fühlen, vor etwas Angst haben, sich um einen Menschen sorgen, der krank ist, etwas nicht können, enttäuscht sein, etwas nicht verstehen, keinen Freund haben ...

1. Wochenende nach Ostern

Seite 72/73

Die Kerze mit dem Kreuz: die Osterkerze

Das Kreuz auf der Osterkerze
erinnert uns an Jesu Tod.

Das Licht der Osterkerze
erinnert uns an Jesu neues Leben bei Gott.

Was tun?

- Wir sehen in katholischen Kirchen die Osterkerzen an.
  Wir beginnen in der nahen Kirche.
  Weitere Besichtigungen verbinden wir mit einer Fahrt oder Wanderung in die Umgebung.
- Wir betrachten in den Kirchen auch Kreuze.
- Wir überlegen, wo es überall Kreuze gibt und wo wir das größte und das kleinste gesehen haben.
- Wir machen das Kreuzzeichen über uns und sprechen oder singen dazu: Im Namen des Vaters ...
  Eine Hilfe zum Kennenlernen des Kreuzzeichens für Kinder oder Behinderte im Anhang Seite 105.
- Wir treffen uns mit anderen zum Gebet

Die Osterkerze finden wir in katholischen Kirchen. Sie ist meist länger und dicker als andere Kerzen. Sie hat ihren Platz auf einem eigenen Ständer im vorderen Teil der Kirche in der Nähe des Altars.

Auf der Osterkerze sehen wir meistens
- ein Kreuz;
- die Zahl des Jahres, in dem sie brennt;
- fünf rote Punkte gemalt oder aus Wachs in Form von Nagelköpfen zur Erinnerung an Jesu Leiden;
- zwei griechische Buchstaben A, Ω (Alpha und Omega), die die Bedeutung des Herrn für unser Leben aufzeigen (er ist Anfang und Ende unseres Lebens).

Das Kreuz

Das Kreuz finden wir in allen christlichen Kirchen. Besonders viele Kreuze gibt es auf dem Friedhof. Jedes Kreuz auf einem Grab zeigt uns, daß Menschen darauf vertrauen, daß das Leben ihrer Toten bei Gott weitergeht.

Das Kreuz begegnet uns auch im Kreuzzeichen, das der Preister beim Segnen im Gottesdienst über uns macht.

Auch wir können das Kreuzzeichen über uns machen: Mit den Fingern der rechten Hand ohne den Daumen berühren wir die Mitte der Stirn, die Brustmitte und die beiden Ecken der Schultern am Oberarm.

Oder:

Wir zeichnen mit dem rechten Daumen auf die Stirn, den Mund und die Brust ein kleines Kreuz.

Dazu sprechen wir: Im Namen des Vaters und des Sohnes und des Heiligen Geistes. (Amen.)

Im Namen des Vaters

Im Na-men des Va-ters und des Soh-nes und des Hei-li-gen Gei-stes. (A-men.)

Melodie und Text: Gertrud Lorenz

Wir teilen gute Worte und Komplimente aus

Zum Gebet beim Kreuz

laden wir andere ein. Vielleicht wird daraus ein regelmäßiges Treffen, z.B. jeden Monat einmal.

Wir sitzen am Boden oder auf Stühlen in der Runde. In der Mitte liegt auf einem Tuch das Kreuz.

Jedes Mal umlegen wir es mit etwas anderem z.B.: Moos, Erde, Steine, Muscheln, Blumen, Samen, Reis, Korn, Zeitungsausschnitte ...

Anregungen zur Gestaltung im Anhang Seite 104.

2. Wochenende nach Ostern

Seite 74/75

Entdeckungen machen – sich freuen – Freude weitergeben:

Was tun?

- Wir machen einen Spaziergang und nehmen kleine Dinge wie eine Wiesenblume, Blätter und Moos mit.
- Wir machen Entdeckungen mit der Lupe.
- Wir singen: „Wir rufen es laut".
- Wir malen ein Blumenbild.
- Wir machen mit Bild und Lied einem anderen eine Freude.
- Wir regen einen anderen zu Entdeckungen mit der Lupe an.
- Wir bahnen einen regelmäßigen Kontakt zu einem alleinstehenden oder kranken oder traurigen oder behinderten oder älteren Menschen an.

Wir pflegen regelmäßigen Kontakt mit einem Menschen, der einsam ist.

Bitte beachten:

Bevor wir einen Kontakt mit einem Menschen anbahnen, von dem wir meinen, er würde sich darüber freuen, sollten wir daran denken:

- Es darf bei keinem einmaligen Kontakt bleiben. Einen Menschen ein wenig aus seiner Einsamkeit herausholen können wir nur durch regelmäßigen Kontakt.
- *Es ist besser,*
  nur einmal im Monat einen Besuch zu machen, als zu versprechen, es jede Woche zu tun, und dann keine Zeit zu haben.

- *Es ist besser,*
  nur einmal im Monat anzurufen und zu fragen, wie es geht, als zu versprechen, es öfter zu tun, und es dann zu vergessen.
- *Darum:*
  Nicht versprechen, das wir nicht halten können, sonst enttäuschen wir.
- *Daran denken:*
  Auch telefonischer Kontakt kann wohltun!
- *Daran denken:*
  Zuhören kann wichtiger sein, als selber zu erzählen!

Vom Spaziergang bringen wir Kleinigkeiten wie ein Moospolster, eine Wiesenblume, ein Blatt oder einen Zweig (evtl. mit Haselkätzchen) mit.

Zu Hause betrachten wir das alles durch eine Lupe. Dabei können wir entdecken, welche Wunderwerke die einfachsten Wiesenblumen sind und daß Blätter in sich oder an ihrem Rand gemustert sind, daß vergrößertes Moos erstaunlich aussieht und es sich lohnt, auch einmal die Fingerspitzen mit der Lupe zu betrachten.

Plötzlich staunen wir über vieles, das uns vorher nichts Besonderes schien. Vielleicht regt es uns an, das Lied „Wir rufen es laut" zu singen und neue Verse zu finden.

Die Freude, die uns unsere Entdeckungen machen, geben wir weiter:

Mit einem selbstgestalteten Blumenbild, oder mit der Lupe und den Dingen, über die wir staunten, besuchen und erfreuen wir einen alleinstehenden oder auch kranken oder traurigen oder behinderten oder älteren Menschen.

Vielleicht singen wir ihm auch das Lied „Wir rufen es" vor, oder er singt es sogar mit uns.

Laßt uns singen:
Wir rufen es laut

Wir ru-fen es laut al-len Leu-ten zu: 1.-5. Seht, Gott hat die
                                                          6. Seht, Gott hat ja

1. Son-ne so schön ge-macht. Kommt, singt mit uns Hal-le-lu-ja.
2. Er-de so schön ge-macht.
3. Blu-men so schön ge-macht.
4. Tie-re so schön ge-macht.
5. Kin-der so schön ge-macht.
6. al-les so schön ge-macht.

Melodien und Text: Gertrud Lorenz

3. Wochenende nach Ostern

Seite 76/77

Was tun?

Wir laden ein:

Miteinander singen macht froh!

Zuerst laden wir persönlich ein: wir sprechen kleine und große Leute an, auch Alleinstehende und Behinderte aus der Nachbarschaft und Leute, die an den Wochenenden unter ihrem Alleinsein leiden.

Damit allen klar ist, was sie erwartet und was sie mitbringen sollten, legen wir es in einer schriftlichen Einladung fest und geben diese bei Gelegenheit ab.

Einwände wie „Ich kann doch gar nicht singen" entkräften wir, wenn wir versichern, daß Zuhörer und ihre Liedwünsche ebenso willkommen sind.

Neue Lieder kennenlernen macht Spaß!

Vorschlag für eine Einladung,

auf die nur noch die Namen mit farbigen Filzstiften geschrieben werden müssen.

Liebe …

am Freitag, den 18. April, wollen wir wieder gemeinsam singen. Du bist sehr herzlich eingeladen!

Wir freuen uns, wenn Du auch Deine … und Deinen … mitbringst (z. B. Eltern und Bruder).

Jeder darf sich mindestens zwei Lieder wünschen. Bitte Liedwünsche jetzt schon überlegen.

Bitte mitbringen:
Eure Liedwünsche,
Kissen, zum Sitzen auf den Boden,
Liederbücher,
Instrumente zum Schlagen, Klopfen oder Schütteln.
Laßt Euch etwas einfallen!
Zum Abschluß findet ein Abendessen statt.

Dazu bringt bitte mit:

● Für jeden so viele belegte Brote, wie er zu essen gedenkt. Sie in kleine Stücke schneiden, auf einem Teller übereinander legen, mit Klarsichtfolie abdecken.

● Für jeden etwas Obst.

● Für jeden ein Stück Gurke oder eine Essiggurke oder ein Stück Paprika oder eine Tomate, evtl. geschnitten und in einem luftdicht abgeschlossenen Behälter aufbewahrt.

Aus allem, was wir haben, stellen wir ein kaltes Buffet zusammen.

Bitte, laßt uns wissen, ob ihr kommt!

Fröhlich will ich singen

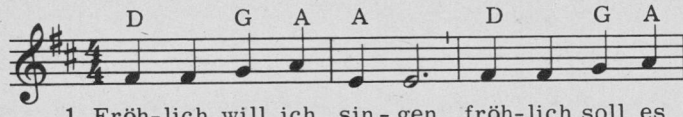

1. Fröh-lich will ich sin-gen, fröh-lich soll es klin-gen; denn Gott hat mich lieb. Fröh-lich will ich sin-gen, fröh-lich soll es klin-gen; denn Gott hat mich lieb, denn Gott hat mich lieb.

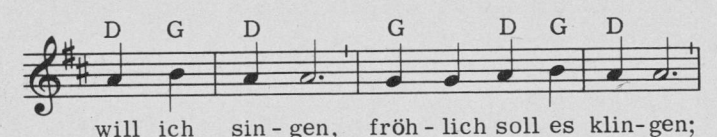

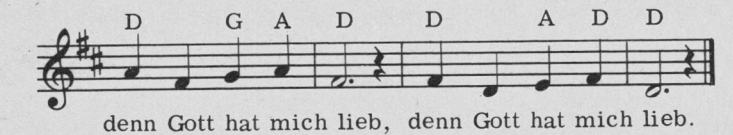

2. Fröhlich will ich singen, fröhlich soll es klingen: Jesus ist mein Freund.

Melodie und Text: Gertrud Lorenz

Wir machen einem anderen Mut.

Der Morgen ist da – Ein Lied für den Morgen und den Abend

1. Der Mor-gen ist da. Der Mor-gen ist da. Wir freu-en uns, Herr, auf den Tag.

2. Die Sonne ist da. Die Sonne ist da.
   Wir danken dir, Herr, daß sie scheint.
3. Wir sind nicht allein. Wir sind nicht allein.
   Wir danken dir, Herr, du bist da.
4. Der Abend ist da. Der Abend ist da.
   Wir danken dir, Herr, für den Tag.

Miteinander essen verbindet

Zum Abschluß essen wir miteinander.
Um den Gastgeber zu entlasten, bringt jeder etwas mit. Bei vielen Gästen können wegwerfbare Partyteller und Becher benützt werden.
Obst, Tomaten usw. können auch kurz vorher geschnitten werden, um den Vitamingehalt zu bewahren.
Evtl. kann eine zweite Serviette für jeden den Teller ersetzen.

4. Wochenende nach Ostern

Seite 78/79

Ostern ist Trost in Trauer und Tod

Ostern sagt uns:
Gott hat Jesus nicht im Tod gelassen,
Gott läßt auch uns nicht im Tod.

Trotzdem macht uns der Tod eines lieben Menschen traurig und auch der Tod eines Tieres, das bei uns lebte.

Darum dürfen wir traurig sein und weinen, ja wir müssen es sogar, sonst werden wir krank.

Darum dürfen wir über den Schmerz reden, jammern und klagen. Wir müssen es sogar, um nicht daran zu ersticken.

Darum dürfen wir auch vom Verstorbenen (und von unserem Tier) und unseren Erlebnissen mit ihm reden. Wir müssen es sogar, weil es uns guttut.

Darum dürfen wir sagen, wie sehr der Tote (oder das Tier) uns fehlt und wie schwer es ist, ihn (es) zu vermissen. Wir müssen es sogar, weil es erleichtert.

Darum dürfen wir auch unserem Gott etwas vorjammern und ihm sagen, wie schwer es uns

Auf dem Friedhof gibt es viele Kreuze.
Jedes Kreuz sagt:
Jesus lebt, und unsere Toten werden auch leben.
Jedes Kreuz zeigt, daß Menschen wissen*, daß das Leben ihrer Toten bei Gott weitergeht. Doch wann, wo

Mein Gott,
ich bin sehr traurig.
Ich bin verzweifelt.
... ist tot.
Ich kann es nicht fassen.
Ich kann es nicht verstehen.
Warum ist es so gekommen?
Es ist so schrecklich.
Ich weiß nicht weiter.
Mein Gott, hilf mir.

Gertrud Lorenz

*Sterben und Tod gehören zum Leben.
Deshalb darüber reden!*

Wir scheuen uns, über Sterben und Tod zu reden. Es macht uns betroffen und macht uns Angst. Kindern und geistig Behinderten ergeht es nicht anders. Doch auch sie werden mit dem Tod konfrontiert. In ihrer Betroffenheit und Angst dürfen wir sie nicht allein lassen.
Wir müssen ihnen gestatten, über alles zu sprechen, was sie beschäftigt, und uns Fragen zu stellen. Diese sollten wir ehrlich beantworten, auch wenn sie uns nahegehen.
Angesichts von Sterben und Tod ist unser ganz persönlicher Osterglaube gefragt. Es geht nicht darum, ihn in Worte zu fassen, sondern durch unsere Haltung der Zuversicht, daß es mit dem Verstorbenen nicht aus und vorbei ist, zu zeigen und zu leben.
Auf diese Weise wird deutlich, daß wir trotz unserer Trauer, trotz unseres Weinens, Klagens und schmerzlichen Vermissens wissen*, daß der Verstorbene weiterhin von Gott geliebt wird und er ihm ein neues Leben geben wird. (Wer weiß, vielleicht hat er dieses neue Leben sogar schon.)

* Wissen ist hier im Sinne von glauben und darauf vertrauen gemeint, vor allem wenn solche Formulierungen nicht verstanden werden.

Jedes Grab
ist wie ein kleiner Garten. Wenn wir es besuchen, schmücken wir es und beten für den Verstorbenen. So zeigen wir, daß wir den Menschen, der nicht mehr bei uns ist, immer noch lieben.

Was tun, wenn ein Mensch trauert?

- Zu ihm gehen und bei ihm bleiben, evtl. ohne viel zu sagen.
- Ihn Nähe erleben lassen: seine Hand halten oder drücken, ihm die Hand auf die Schulter legen, ihn in den Arm nehmen ...
- Ihn weinen und klagen lassen und Geduld haben, wenn er immer wieder dasselbe sagt.
- Ihn bitten, von Erlebnissen mit dem Verstorbenen zu erzählen, evtl. auch von den letzten Stunden mit ihm.
- Daran denken: Das einzige, das den Trauernden mit der Zeit erleichtert, ist das Weinen, Klagen und über den Schmerz reden.

Zum Thema Sterben und Tod gibt es das Buch „Ich will etwas vom Tod wissen" von Becker – Niggemeyer, (Otto-Maier-Verlag, Ravensburg).

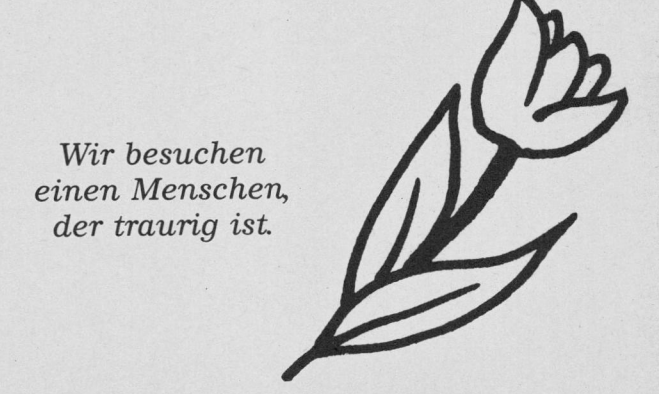

*Wir besuchen
einen Menschen,
der traurig ist.*

5. Wochenende nach Ostern

Seite 80/81

Jesus sagt: Gott ist wie ein guter Vater

Gott hat uns lieb.
Wir dürfen ihm alles sagen:

... was uns freut und was uns traurig macht.
... was uns nervt und was uns wütend macht.
... was uns gefällt und was uns ärgert.
... was uns Spaß macht und was uns aufregt.
... was uns befriedigt und was uns enttäuscht.
... was wir können und was uns nicht gelingt.
... was wir gut und was wir falsch gemacht haben.
... wenn etwas ganz toll war,
    oder wenn wir Mist gebaut haben.

Wir dürfen beten

Zum Beten können wir die Hände falten oder aufeinanderlegen oder die Arme verschränken. Wir können stehen oder sitzen, liegen oder knien und auch gehen, wenn wir unterwegs Zeit zum Beten haben.
Unser Gebet muß nicht lange dauern. Wir brauchen die Worte nicht lange zu überlegen. Es kommt nicht auf schöne Sätze an.
Wir dürfen das Gebet beginnen, wie wir mit einem lieben Menschen reden, mit „Du" oder „Du Herr" oder mit „Lieber Gott", oder was wir sonst noch sagen möchten.

Gott ist wie ein guter Vater,
aber auch
wie eine liebevolle Mutter,
wie ein verständnisvoller Lehrer,
wie eine gütige Nachbarin,
wie ein Freund, auf den
man sich verlassen kann.

Wir dürfen von Freude und Leid erzählen

So hat zum Beispiel Andreas gebetet:

Lieber Gott,
das Leben ist schön.
Ich kann musizieren.
Das macht mir Spaß.
Ich bin froh,
daß ich leben darf.

Guter Gott,
manchmal ist das Leben für
geistig Behinderte schwer.
Für mich auch.
Ich bin manchmal traurig,
weil ich geistig behindert bin.

So etwas kann man Gott auch sagen:

Du, Herr, ich habe ein Fahrrad,
mit dem flitze ich durch die Gegend,
Das ist klasse.
Ich freue mich, daß ich fahrradfahren kann.
Danke, Herr.

Wir dürfen Lieder singen, die Gebete sind

Du, Gott, ich weiß

(Noten: 1. Du Gott, ich weiß, du bist bei mir, auch wenn ich dich nicht sehe. Du guter Gott, ich danke dir, und: Bleib in meiner Nähe!)

2. Du, Gott, ich weiß, du hast mich lieb, auch wenn ich dich nicht sehe. Du guter Gott, ich danke dir und: Bleib in meiner Nähe.

Melodie und Text: Gertrud Lorenz

Guter Gott, mit meinem Lied

(Noten: 1. Guter Gott, mit meinem Lied dank' ich dir für alle Freude.)

2. ...dank' ich dir für alles Schöne.
3. ...dank' ich dir für diesen Frühling.
4. ...dank' ich dir für mein Zuhause.
5. ...dank' ich dir für meine Eltern.
6. ...dank' ich dir für meine Freunde.
7. ...dank' ich dir, daß du mich lieb hast.

Melodie und Text: Gertrud Lorenz

Wir dürfen bitten und klagen

Vater im Himmel, schau auf mein Kind
und auf mich,
die Mutter.
Ich sitze an seinem Bett.
Es hat die Hände gefaltet.
Ich habe meine Hände über die seinen gelegt.
Miteinander danken wir dir für den vergangenen Tag.
Miteinander bitten wir dich, gib uns morgen ein frohes Erwachen.
Und beschütze alle, die wir liebhaben.

Du, Herr,
heute nacht habe ich nicht gut geschlafen.
Ich bin nämlich krank.
Deshalb freue ich mich auch nicht auf den neuen Tag.
Das mußt du verstehen.
Hilf mir, daß der Tag wenigstens nicht noch schlimmer wird als die Nacht.
Weißt du, Herr, krank zu sein ist gar nicht schön.

Guter Gott, ich habe einen lieben Menschen gekränkt. Das war nicht recht.
Wie soll ich das nur wiedergutmachen?
Gib, daß mir einfällt, wie ich es anstellen könnte.
Bitte, verzeih du mir auch.
Das nächste Mal will ich es anders und besser machen.

Alle Gebete in „Halte zu mir heute, guter Gott" (Lahn-Verlag, Limburg).

Ein Vaterunser zum Singen im Anhang Seite 115.

Christi Himmelfahrt

ist das zweite Osterfest der Christen

Christi Himmelfahrt sagt uns:

Jesus Christus – der auferstanden ist – geht zurück zu seinem Vater im Himmel, zu Gott.
Jesus Christus – der neues Leben bekam – wird von Gott in den Himmel aufgenommen.

Christi Himmelfahrt sagt uns nicht:

Jesus sei auf einer Wolke – wie im Aufzug – in den Himmel hinaufgefahren.
Jesus sei – wie mit einer Rakete oder einem Raumschiff in den Weltraum – zu Gott hinaufgefahren.

Von Christi Himmelfahrt wird uns so erzählt:

Vor seinem Abschied sagte Jesus zu den Jüngern: „Bleibt in Jerusalem, bis mein Vater euch gestärkt hat."

Dann begleitete er sie zum Ölberg.
Dort segnete er sie mit erhobenen Händen.
Noch während er sie segnete, ging er von ihnen.
Gott nahm ihn zu sich in den Himmel auf.

Die Jünger aber knieten nieder und beteten.
Dann kehrten sie voll Freude nach Jerusalem zurück.
Sie gingen jeden Tag in den Tempel und lobten Gott.

(Vgl. Lk 24,49–53; vereinfacht: Gertrud Lorenz)

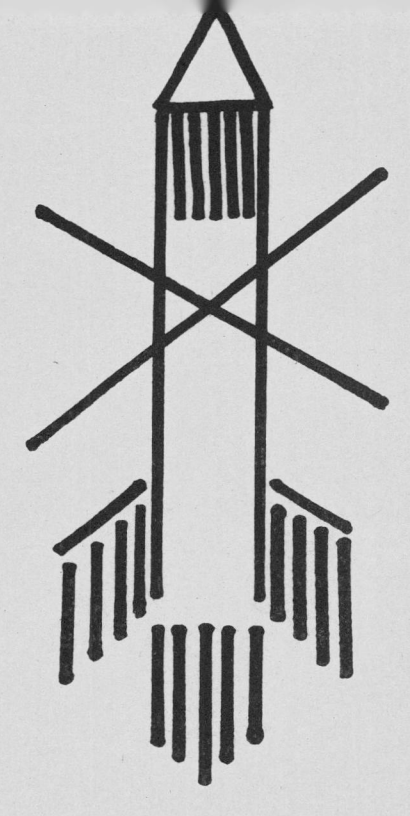

Ein kleines Stück Himmel

Ein kleines Stück Himmel ist schon da, wo wir Freude, Liebe und Glück schenken.
Ein kleines Stück Himmel ist schon da, wo wir Freude Liebe und Glück erleben.

Himmelfahrt bedeutet:	Die Zeit Jesu mit den Jüngern ist vorbei. Die Zeit Jesu mit Gott fängt an.
Himmelfahrt bedeutet:	Jesus lebt nicht mehr in unserer Welt. Jesus lebt jetzt in der Welt von Gott, in Gottes Welt, im Himmel.
	Der Himmel ist da, wo Gott ist. In diesem Himmel dürfen auch wir einmal in Freude, Liebe und Glück leben.

*Auch uns gilt Jesu Wort:
Ich bin bei euch alle Tage ...*

Die Himmelfahrt Jesu ist für die Jünger kein Abschied.
Sie wissen, daß er bei ihnen ist, auch wenn sie ihn nicht sehen, denn er hat gesagt: Ich bin bei euch alle Tage, bis zum Ende der Welt (Mt 28,20).
Darüber freuen sie sich, und sie freuen sich auch, daß Gott sie stärken wird. Gemeinsam mit Maria, der Mutter Jesu und mit anderen Frauen warten sie auf das Pfingstfest.

*Wir wollen Freude,
Liebe und Glück schenken,
soviel wir nur können.*

6. Wochenende nach Ostern

Seite 84/85

Ostern geht weiter: Wir tragen dazu bei

Wir sind froh und machen andere froh

Ein Lächeln
kann Wunder wirken:

Ein Lächeln kann heilen von Kränkungen.
Ein Lächeln kann befreien von Ärger und Aufregung.
Ein Lächeln kann helfen bei Enttäuschungen.
Ein Lächeln kann erfreuen im Alltag und in der Not.

Ein Lächeln
kann jeder weitergeben!

Wir sind getauft. Wir sind Christen.

Wir sind getauft (gefirmt*)

* Dieses Lied kann auch auf die Firmung bezogen werden.

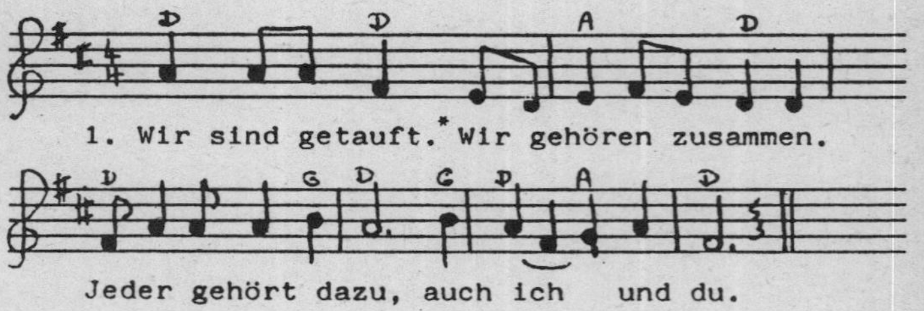

1. Wir sind getauft.* Wir gehören zusammen.
Jeder gehört dazu, auch ich und du.

2. Wir sind getauft*, und wir sind alle Christen.
Jeder gehört dazu, auch ich und du.
3. Wir sind getauft*. Wir gehören zur Kirche.
Jeder gehört dazu, auch ich und du.

Melodie und Text: Gertrud Lorenz

Es war einmal ein Sonnenstrahl, der kitzelte einen Jungen an der Nase, so daß dieser lächeln mußte!

Dieses Lächeln war ansteckend! Es sprang von Gesicht zu Gesicht....

Bis alle Leute lächelten, obwohl inzwischen gar keine Sonne mehr schien!

Andere sind uns nicht egal:
Wir zeigen ihnen Mitgefühl.
Wir lächeln sie an.
Wir beenden Streit.

Wir machen die Faust auf und geben uns wieder die Hand.

Gib mir deine Hand

1. Gib mir dei - ne Hand. Gib mir dei - ne Hand.
Ich wün - sche dir den Frie - den.

2. Gib mir deine Hand. Gib mir deine Hand. Ich wünsche dir viel Freude.
3. Gib mir deine Hand. Gib mir deine Hand. Ich wünsche dir Gesundheit.
4. Gib mir deine Hand. Gib mir deine Hand. Ich wünsche dir auch Freunde.
5. Gib mir deine Hand. Gib mir deine Hand. Ich wünsche dir Vertrauen.
6. Gib mir deine Hand. Gib mir deine Hand. Ich wünsch' dir alles Gute.
7. Gib mir deine Hand. Gib mir deine Hand. Ich wünsch' dir frohe Ostern.
8. Gib mir deine Hand. Gib mir deine Hand. Schließ wieder mit mir Frieden.
9. Gib mir deine Hand. Gib mir deine Hand. Alles gute zum Geburtstag.

* Die Verse werden der Situation angepaßt ausgewählt.

Melodie und Text: Gertrud Lorenz

Pfingsten –
das Fest zum Abschluß der Osterzeit

Was geschah an Pfingsten?

Gott gab den Jüngern den Heiligen Geist.

Sie erzählten: „Es war wie Sturm und wie Feuer."
Sie fanden keine anderen Worte dafür.
Was an Pfingsten geschah, veränderte die Jünger.
Vorher hatten sie Angst. Seit Pfingsten haben sie Mut.
Sie reden von Jesus. Sie sagen: „Wir gehören zu ihm."
Sie erzählen, was sie mit ihm erlebt haben.
Sie erzählen seine gute Botschaft weiter.
Sie taufen alle, die zu Jesus Christus gehören wollen.
Alle Getauften werden Christen genannt. Sie gehören
zur Gemeinschaft der Christen.

*Seit Pfingsten gibt es die Gemeinschaft der
Christen.*

Weil wir getauft sind, sind wir auch Christen.
Weil wir getauft sind, gehören wir auch zur Gemeinschaft der Christen.
Weil wir getauft sind, gehören wir auch zu einer christlichen Gemeinde.

*Wir feiern Pfingsten, das Fest der Liebe
Gottes**

Gott liebt uns und stärkt uns.
Seine Liebe hilft uns, im Geist Jesu zu leben.
Das heißt: so zu leben, wie Jesus es uns aufgetragen
hat.

Von der Liebe Gottes sagen wir dasselbe wie vom Heiligen Geist.

Die Liebe Gottes	Der Heilige Geist
stärkt uns,	stärkt uns,
macht uns froh,	macht uns froh,
tröstet uns,	tröstet uns,
hilft uns,	hilft uns,
macht uns Mut.	macht uns Mut.

* Mit anderen versteht z.B. Romano Guardini den Heiligen
Geist als die Liebe zwischen Vater und Sohn.

*Wir freuen uns, Gott hat uns lieb.
Er schenkt uns die Schönheit des Frühjahrs.*

Wer weiß Bescheid?

Wir gehören zur Gemeinde . . . .
Die Kirche steht . . . .
Das Gemeindehaus steht . . . .
Das Pfarrhaus steht . . . .
Unser Pfarrer heißt . . . .

So feiern wir Pfingsten:

- Mit einem Gottesdienstbesuch oder einer selbstgestalteten Feier (siehe Anhang Seite 116).
- Mit einem Spaziergang oder einer Wanderung oder einer Fahrt ins Grüne.
- Mit Spielen im Freien. Boccia, Pfeilspiel, Federball ...
- Mit Kaffeetrinken oder Picknick oder einer Grillparty im Freien.
- Mit vielen Blumen in Vasen und gebastelten Schmetterlingen, die unser Zuhause schmücken.
- Mit Tanzen und einer Polonaise: Vorher werden alle mit Blumen (z.B. Margeriten) geschmückt. Sicherheitsnadeln und Haarklemmen bereithalten.
- Mit Erzählen, Vorlesen und Singen bei einem gemütlichen Zusammensein im Freien.
- Oder mit dem Besuch eines Wallfahrtsortes, um uns dort von der Atmosphäre anrühren zu lassen.
- Und vor allem: Mit einem Dank an den guten Gott, der uns soviel Gutes und Schönes gibt.

Du Gott der Liebe

1. Du Gott der Liebe sei bei uns, mit dem Geist deiner Liebe.
2. Du Gott der Freude, sei bei uns mit dem Geist deiner Freude.
3. Du Gott der Güte sei bei uns mit dem Geist deiner Güte.
4. Du Gott der Stärke, sei bei uns mit dem Geist deiner Stärke.

Melodie und Text: Gertrud Lorenz

Laßt uns Gottes Liebe weitergeben!

Anhang: Lieder für verschiedene Anlässe

Seite 88/89

Mit diesem Lied können alle hier vorgeschlagenen Gottesdienste beginnen:

Kommt, wir wollen miteinander feiern

1. Kommt, wir wol-len mit-ein-an-der fei-ern. Herr, sei uns nah!

2. Kommt, wir wollen miteinander singen. Herr, schau auf uns.
3. Kommt, wir wollen miteinander beten. Herr, hör auf uns.
4. Kommt, wir wollen miteinander hören. Herr, sprich zu uns.
5. Kommt, wir wollen miteinander feiern. Herr, sei uns nah.

Melodie und Text: Gertrud Lorenz

Dieses Lied kann das Erzählen oder Vorlesen der Evangelien einleiten:

Herr, wir wollen deine Botschaft hören

Herr, wir wol-len dei-ne Bot-schaft hö-ren.
Herr, wir wol-len dei-ne Bot-schaft hö-ren.
Öff-ne uns-re Oh-ren. Öff-ne un-ser Herz.

Melodie und Text: Gertrud Lorenz

Das Ei, das ist weiß

1. Das Ei, das ist weiß, und das Ei, das ist rund.
Das O-ster-ei gibt es ein-far-big und bunt.
Das O-ster-ei gibt es ein-far-big und bunt.

2. Die Schale ist hart, innen ist das Ei weich.
Wenn du es roh aufschlägst, dann merkst du es gleich.
3. Das Ei, das gekocht wird, das schmeckt allen sehr.
Wer eines gegessen hat, möchte noch mehr.
4. Das Ei, gut gebraten mit Butter und Speck,
das schmeckt auch sehr lecker, und bald ist es weg.
5. Das Ei, das ist wichtig, das Ei ist gesund.
Es ist manchmal braun, doch es ist immer rund.
6. Im Ei drin ist Leben. Es ist wie ein Haus.
Nach drei Wochen Wärme (Brüten) kommt's Küken heraus.
7. Sein Flaumfederkleid ist ganz gelb und ganz dicht.
Das Küken, das ist ein ganz herziger Wicht.

Melodie und Text: Gertrud Lorenz

Guter Gott, wir haben zusammen

1. Guter Gott, wir haben zusammen gefeiert.
   Guter Gott, wir danken dir, denn es war schön.
2. Guter Gott, wir haben zusammen gebetet.
   Guter Gott, wir danken dir, denn es war schön.
3. Guter Gott, wir haben zusammen gesungen.
   Guter Gott, wir danken wir, denn es war schön.
4. Guter Gott, wir haben zusammen gefeiert.
   Guter Gott, wir danken dir, denn es war schön.

Melodie und Text: Gertrud Lorenz

Wir dürfen jetzt essen (Lied vor und nach dem Essen)

1. Wir dürfen jetzt essen und werden satt.
   Dafür danken wir heut' und jeden Tag
   dir, guter Gott, dir, guter Gott.
2. Wir haben gegessen und sind jetzt satt.
   Dafür danken wir heut und jeden Tag
   dir, guter Gott, dir, guter Gott.

Melodie und Text: Gertrud Lorenz

Singet, ihr Leute

(Statt „Leute" kann auch „Kinder" gesungen werden.)

1. Singet, ihr Leute, singet mit: Halleluja,
   Halleluja. Jesus ist auferstanden.
2. Klatschet, ihr Leute, klatschet mit. Halleluja, Halleluja.
   Jesus ist auferstanden.
3. Tanzet, ihr Leute, tanzet mit. Halleluja, Halleluja.
   Jesus ist auferstanden.
4. Stampfet, ihr Leute, stampfet mit. Halleluja, Halleluja.
   Jesus ist auferstanden.
5. Hüpfet, ihr Leute, hüpfet mit. Halleluja, Halleluja.
   Jesus ist auferstanden.
6. Lachet, ihr Leute, lachet mit. Halleluja, Halleluja.
   Jesus ist auferstanden.
7. Feiert, ihr Leute, feiert mit. Halleluja, Halleluja.
   Jesus ist auferstanden.

Melodie und Text: Gertrud Lorenz

Sagt es allen weiter

1. Sagt es allen weiter, weiter, weiter: Jesus lebt.
   Sagt es allen weiter, weiter, weiter: Jesus lebt.
2. Freut euch alle mit, ihr Leute, Leute: Jesus lebt ...
3. Klatscht mit uns, ihr Leute, Leute, Leute: Jesus lebt ...
4. Tanzt mit uns, ihr Leute, Leute, Leute: Jesus lebt ...

Melodie und Text: Gertrud Lorenz

Anhang: Gottesdienst am Aschermittwoch

Seite 90/91

Elemente daraus eignen sich auch für eine kurze Feier im Familienkreis

Vorbereiten:

1. Auf niederem Tisch Altar herrichten mit hellem Tischtuch, Blume oder Zweig in Vase, Kerze, Kreuz, das gelegt wird.
2. Kerzen (Puppenlichte) zum Aufstellen für die Verstorbenen.
3. Untersetzer aus festem Papier zum Befestigen der Kerzen durch Auftropfen.
4. Den katholischen Pfarrer um Asche bitten oder selbst etwas verbrennen und diese Asche benützen (z.B. dürre Zweige).
5. Stühle im Kreis aufstellen, Altartisch in die Mitte.

ERSTER TEIL

Einführung

Sprecher: Heute am Aschermittwoch wird uns im Gottesdienst ein Kreuz aus Asche auf den Kopf gestreut. Wir beginnen unsere Feier mit einem Kreuz, das wir mit dem Daumen auf die Stirn (oder auf die Brust) zeichnen wollen (evtl. vormachen).

Gebet

Wir wollen miteinander beten:
Guter Gott, heute ist Aschermittwoch.
Heute wird uns ein Kreuz aus Asche
auf den Kopf gestreut.
Die Asche sagt uns:
Das Leben in dieser Welt geht einmal zu Ende.
Das Kreuz sagt uns:
Das Leben geht bei Gott weiter.
So wollen wir uns jetzt das Kreuz
aus Asche aufstreuen lassen.
Guter Gott, wir bitten dich,
schau auf uns bei dieser Feier.

DRITTER TEIL

Nach dem 1. Teil kann evtl. gleich zum 3. Teil übergegangen werden.

Gedanken zum Aschermittwoch

Heute beginnt also die Zeit vor Ostern, die Fastenzeit. In dieser Zeit wollen wir uns auf Ostern vorbereiten.
Seht, was ich hier habe: eine Blume. Kennt ihr sie? Eine Tulpe, eine Frühlingsblume. Jetzt blüht sie noch nicht im Garten. Sie ist aus einem Blumenladen.
Diese Tulpe ist schön. Wir freuen uns an ihr. Nach unserem Gottesdienst wollen wir sie zu jemandem bringen, der sich auch daran freuen soll, vielleicht zu einem Kranken oder zu wem sonst?
In einem alten Lied für die Fastenzeit heißt es: In dieser Zeit soll das Gute blühen, wie eine Blume, damit viele Menschen froh werden.
Gemeint ist, wenn wir gut sind, blüht das Gute, weil andere durch uns froh werden. Es blüht wie diese Tulpe.
Wenn wir also anderen Freude machen, blüht das Gute. Dieses Freudemachen gehört zur Vorbereitung auf Ostern.

Anders werden

Aber es ist nicht immer leicht, das Gute zum Blühen zu bringen. Manchmal macht es ziemliche Mühe. Manchmal haben wir wenig Lust, uns für andere anzustrengen. Manchmal tun wir lieber etwas für uns selber als für andere.
Deswegen wollen wir darum bitten, daß Jesus uns hilft, anders zu werden, neu zu werden.
Wir wollen gleich heute damit anfangen, einem anderen oder auch mehreren Leuten eine Freude zu machen. Was könnten wir tun?
Hier sind Vorschläge: ein Blumenbild malen und es einem anderen aufs Kopfkissen legen. Etwas teilen oder herschenken. Von selber aufräumen. Einem anderen sagen: Ich bin gern mit dir zusammen. Vom Taschengeld eine Blume besorgen und zum Essen in der Vase auf den Tisch stellen …

Hinweis: Wir sitzen im Kreis und sehen zu. Jeder, der das Aschenkreuz bekommen hat, neigt den Kopf, damit alle es sehen. Dazu leise Musik vom Kassettenrekorder, z.B. Teil eines Orgelkonzerts.

ZWEITER TEIL

Sprecher: Heute, am Aschermittwoch denken wir an unsere lieben Verstorbenen (evtl. ihre Namen nennen).

Gebet

Wir wollen miteinander beten:
Guter Gott, die Großmama von ... ist gestorben.
Auch der Herr ... unser Nachbar, ist gestorben.
Wir sind traurig.
Wir vermissen die Großmama.
Wir vermissen den Herrn ...
Doch das Leben unserer lieben Toten
geht weiter bei dir, guter Gott.

Du hast sie immer noch lieb.
Du sorgst weiter für sie.
Darüber sind wir froh.
Dafür danken wir dir.

Aufstellen der Kerzen

Nun stellen wir für unsere Toten Kerzen auf (evtl. werden sie einzeln genannt, und für jeden wird eine Kerze aufgestellt, oder als Personengruppen, z.B. für alle Großmütter ...).
Jede Kerze wird von einem Angehörigen oder Bekannten des Verstorbenen zum Altartisch gebracht. Dort stellt ein Helfer die Kerze auf und zündet sie an. Evtl. kann sie auch brennend zum Altar gebracht werden.
Dazu singen wir für den jeweils vorher genannten Toten das Lied: „Guter Gott ..." mit seinem Namen.
Sind alle Kerzen aufgestellt, sprechen wir gemeinsam:

Gebet

Herr, gib unseren Toten
die Freude, die nie mehr aufhört. Amen.
(Einer betet vor, alle wiederholen.)

Herr und Gott,
heute fängt die Fastenzeit an.
Wir wollen das Gute zum Blühen bringen.
Darum bitten wir dich:
Herr, hilf uns, daß wir anders und neu werden.
Alle: Herr, hilf uns.
Herr, hilf uns, daß wir hilfsbereit sind.
Alle: Herr, hilf uns.
Herr, hilf uns, daß wir rücksichtsvoll sind.
Alle: Herr, hilf uns.
Herr, hilf uns, daß wir teilen.
Alle: Herr, hilf uns.
Herr, hilf uns, daß wir trösten.
Alle: Herr, hilf uns.
Herr, hilf uns, daß wir tun, was andere froh macht.
Alle: Herr, hilf uns.
Unser Gebet beenden wir mit einem Lied, in dem wir um Frieden bitten.

Friedenslied (zu Johannes 14,27)

1. Herr, o Herr, hilf uns, daß wir Frieden haben.
2. Herr, o Herr, hilf uns, daß wir Frieden halten.
3. Herr, o Herr, hilf uns, daß wir Frieden schaffen.
4. Herr, o Herr, hilf uns, daß wir Frieden schenken.

Melodie und Text: Gertrud Lorenz

Schlußgebet

Wir wollen noch einmal miteinander beten:
Herr und Gott, die Feier ist zu Ende.
Wir danken dir.
Wir haben das Aschenkreuz bekommen.
Die Asche sagt uns:
Das Leben in dieser Welt geht einmal zu Ende.
Das Kreuz sagt uns:
Das Leben geht bei Gott weiter.
Herr und Gott, wir grüßen dich
mit einer Verbeugung, zu der wir Amen sagen.
Alle: Amen.

Der Hase zum Aufstellen

Anhang: Vorlagen zum Basteln

c

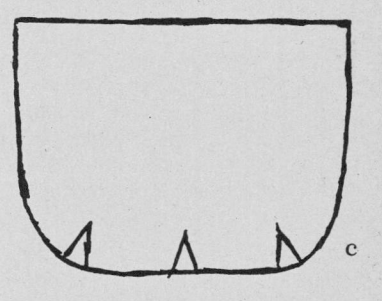

Anhang: Feier am Gründonnerstag

Seite 94/95

Vorbereitungen:

1. Tisch mit Tischtuch, Vase, Kerze und im Halbkreis darum die Teilnehmer.
2. Seitlich bereitstellen:
   Bild vom Abendmahl,
   pro Person Blume oder Zweig;
3. Schallplatte oder Kassette mit getragener Musik;
4. Instrumente zum Begleiten des Singens;
5. Irgendwo im Raum Osterkerze und Osterbaum;

Einführung

Hinweis: Jeder kommt mit seiner Blume (Zweig) zum Tisch, stellt sie in die Vase und setzt sich.
Sprecher: Ihr Lieben, am Abend des Gründonnerstags findet in der Kirche ein Gottesdienst zur Erinnerung an das Abendmahl statt. Davon wollen wir hören (leise Musik im Hintergrund anstellen):

Jesus und seine Jünger beim Abendmahl

Jesus hat seine Jünger zum Abendmahl eingeladen.
Nun sitzen sie zusammen am Tisch.
Jesus nimmt Brot und spricht ein Dankgebet.
Er bricht das Brot auseinander.
Er gibt es den Jüngern.
Alle dürfen von diesem Brot essen.
Danach nimmt Jesus einen Becher mit Wein.
Wieder spricht er ein Dankgebet.
Er gibt den Becher seinen Jüngern.
Alle dürfen vom Wein trinken.
Dann sagt Jesus:
„Bald bin ich nicht mehr bei euch.
Kommt trotzdem immer wieder zusammen.
Eßt miteinander Brot,
trinkt miteinander Wein
und denkt dabei an mich."

(Vgl. Mk 14, 17,22–23 und 1 Kor 11,24b und 25b, vereinfacht: Gertrud Lorenz.)

Betrachten des Bildes vom Abendmahl

Danach wird es auf den Altartisch gelegt.

Gedanken zum Abendmahl

Die Musik, die wir zum Bericht vom Abendmahl und zum Betrachten des Bildes gehört haben, schalte ich jetzt aus. Sie sollte uns spüren lassen, daß wir etwas Wichtiges gehört und gesehen haben.
Jesus hat seine Jünger zum Abendmahl eingeladen. Und er hat ihnen einen wichtigen Auftrag gegeben: Sie sollen immer wieder zusammenkommen und wie beim Abendmahl Brot essen und Wein trinken.
Weil Jesus das gesagt hat, kommen wir Christen immer wieder zusammen, um das Abendmahl miteinander zu feiern. In der katholischen Kirche heißt diese Feier „die heilige Messe" oder „die Eucharistiefeier". In der evangelischen Kirche nennt man sie „Abendmahlfeier".
Bei dieser Feier wird gesungen, gebetet, eine Geschichte von Jesus gehört. Wer möchte und das Alter erreicht hat, in dem man teilnehmen kann am Heiligen Mahl, darf das heilige Brot essen und vom heiligen Wein trinken. Das ist vor allem im Abendmahlgottesdienst unserer evangelischen Mitchristen möglich.

Gebet

Laßt uns zusammen den Herrn grüßen:
Jesus, unser Freund,
heute am Gründonnerstag grüßen wir dich.
Alle: Jesus, wir grüßen dich.
Du hast deine Jünger zum Abendmahl eingeladen.
Alle: Jesus, wir grüßen dich.
Du bist mit ihnen am Tisch gesessen.
Alle: Jesus, wir grüßen dich.
Du hast den Jüngern Brot gegeben.
Alle: Jesus, wir grüßen dich.
Du hast den Jüngern Wein gegeben.
Alle: Jesus, wir grüßen dich.
Du warst der Freund deiner Jünger.
Alle: Jesus, wir grüßen dich.
Du bist auch unser Freund.
Alle: Jesus, wir grüßen dich.
Wir wollen deine Jünger in dieser Zeit sein.
Alle: Jesus, wir grüßen dich. Amen.

Zusammensein bei Brot und Wein (oder Saft)

Zum Brot

- Erde zum Anfassen und Bild eines Ackers oder Ährenfelds,
- Korn, auch eßfertige Körner aus dem Reformhaus,
- Keimlinge vom Korn, vor 3–4 Tagen vorbereitet (im Reformhaus danach fragen),
- Ähren, evtl. auch nur eine Ähre oder verschiedene Kornarten,
- helles und dunkles Mehl,
- eine kleine Menge Hefeteig (kann auch beim Zusammensein zubereitet werden, dann alle Zutaten),
- verschiedene Brotsorten (evtl. einige Scheiben vorher einfrieren und heute auftauen) in kleine Stücke schneiden, für jeden nur wenig, mit Klarsichtfolie abdecken, daß sie nicht austrocknen
- selbstgebackenes Brot oder frisches Weißbrot.

Zum Wein

- Bild, Foto oder Zeichnung eines Weinstocks und Weinbergs,
- eine Traube (nur in Feinkostläden erhältlich um diese Jahreszeit), jeder Teilnehmer sollte eine Beere (= Traube) zum Versuchen bekommen, sonst: Bild einer Traube,
- Traubensaft, hell oder rot, für jeden ein Saftglas,
- Bild oder Zeichnung eines Fasses
- Wein, weiß oder rot (wie der Saft!). Für jeden ein Weinglas.

Die verschiedenen Zutaten auf Tellern oder in Schalen bereitstellen, Ähren evtl. in eine Vase stellen, Saft und Wein in Glasbehälter umfüllen.
Auf dem Tisch kann eine Honigwachskerze brennen.

Zu Beginn des Beisammenseins

Sprecher: Heute ist Gründonnerstag. Heute ist Erinnerungstag an das Abendmahl, zu dem Jesus seine Jünger eingeladen hat.
Beim Abendmahl gab Jesus den Jüngern Brot und Wein. Wir wollen heute vom Werden des Brotes und des Weines hören und darüber reden. Dann essen wir Brot und Trauben und trinken Traubensaft und Wein.

Lied: Wir dürfen jetzt essen (S. 89) oder Der Herr lädt die Jünger (1. Vers).

Ablauf des Betrachtens und Genießens

1. Was zum Werden des Brotes gehört, wird angesehen, angefaßt und evtl. benannt. Wer etwas dazu weiß oder erlebt hat, darf berichten.
2. Es kann in der Reihenfolge des Werdegangs aufgestellt werden.
Der Hefeteig kann zubereitet und beobachtet, berührt und berochen werden.
3. Gemeinsam wird ein bekanntes Tischgebet gesprochen oder, wenn möglich, folgender Satz kennengelernt und gesprochen: „Vater unser im Himmel, unser tägliches Brot gib uns heute und jeden Tag. Amen."
4. Nun werden die kleinen Happen der verschiedenen Brotsorten probiert. Das frische (selbstgebackene) Weißbrot wird nebenher aufgeschnitten, in kleinere Stücke geteilt und auf eine Schale gelegt.
5. Das Bild eines Weinstocks und Weinbergs wird betrachtet. Auch die Traube oder das Bild einer Traube wird angesehen. Wer etwas dazu weiß, darf erzählen.
6. Jeder bekommt eine einzelne Weintraube und darf sie essen. Evtl. werden einige Trauben zerschnitten, in ein kleines Tuch gelegt und über einem Gefäß ausgepreßt.
7. Jeder lernt den gekauften Traubensaft kennen. Es genügt ein Schluck. Rote und helle Trauben erwähnen.
8. Vom Einfüllen des Saftes in Fässer und vom Werden des Weins erzählen. Rotwein und Weißwein erwähnen. Bild des Fasses ansehen.
9. Vom Wein probieren.
10. Vom frischen Brot essen und dazu Saft (und Wein) trinken.

Lied: „Wir dürfen jetzt essen"
Wir singen den 2. Vers (Anhang Seite 89).

Evtl. kann sich das Basteln des Kreuzes für den Karfreitag anschließen.

Anhang: Vorlagen zum Basteln

Seite 96/97

Blumen aus Seidenpapier

1. Drei Blätter Seidenpapier (evtl. farblich wechselnd)
   in die Größen 15 × 15 cm oder 13 × 13 cm schneiden.
   11 × 11 cm   11 × 11 cm
   7 × 7 cm   9 × 9 cm
2. Zu einer fünflagigen Blume nehme man die Größen
   15 × 15 cm
   13 × 13 cm
   11 × 11 cm
   9 × 9 cm
   7 × 7 cm
3. Jedes Blatt wird dreimal über Eck zusammengelegt/
   gefaltet.
4. Jede so entstandene Ecke wird rundgeschnitten.
5. Die entfalteten Blätter werden der Größe nach – unten
   das größte Blatt – aufeinandergeklebt oder geheftet.

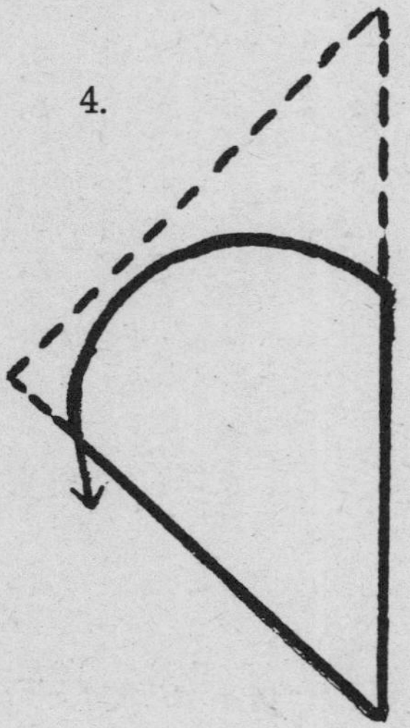

4.

Ein Osternest

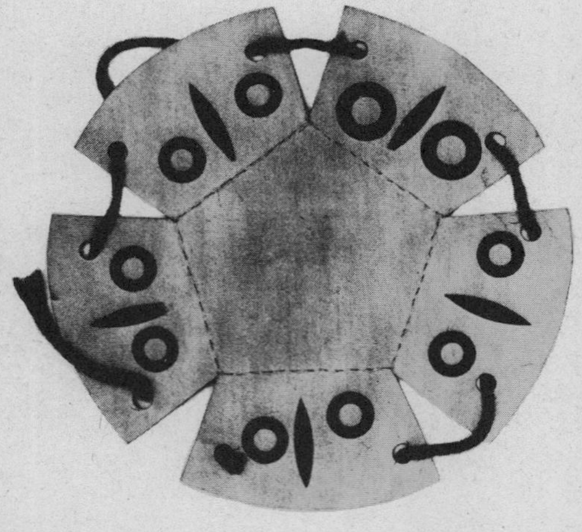

Muster zum Pausen für den Ostergruß

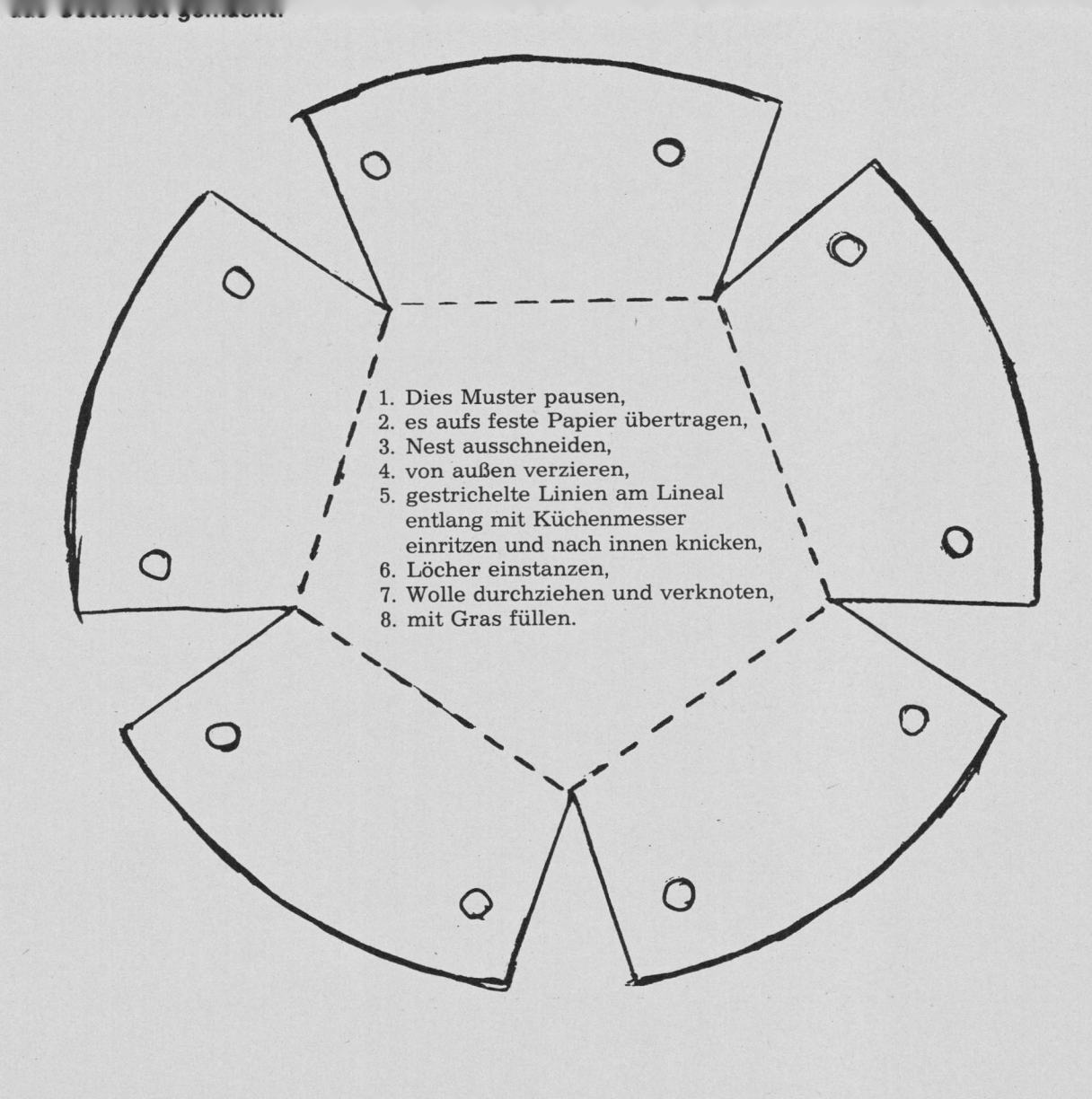

1. Dies Muster pausen,
2. es aufs feste Papier übertragen,
3. Nest ausschneiden,
4. von außen verzieren,
5. gestrichelte Linien am Lineal entlang mit Küchenmesser einritzen und nach innen knicken,
6. Löcher einstanzen,
7. Wolle durchziehen und verknoten,
8. mit Gras füllen.

Anhang: Ein Kerzenspiel

Seite 98/99

Unser Licht ist hell

1. Unser Licht ist hell. Al-le sollen es se-hen. Unser Licht ist hell.

2. Unser Licht ist schön.
   Alle sollen es wissen.
   Unser Licht ist schön.
3. Unser Licht macht froh.
   Alle sollen sich freuen.
   Unser Licht macht froh.
4. Unsre Kerze brennt.
   Alle sollen sie sehen.
   Unsre Kerze brennt.

Das Lied kann zu vielen Gelegenheiten gesungen werden, z. B. im Advent, zu Weihnachten, zu Ostern, zu Geburtstagen.

Melodie und Text: Gertrud Lorenz

Kerzenspiel zum Lied „Unser Licht ist hell"

Zu diesem Lied kann anläßlich der verschiedensten Gelegenheiten ein Spiel mit Kerzen aufgeführt werden. Die Kerzen sollten gut 20 cm lang sein, damit die Kinder sie mit beiden Händen halten können. Das sieht besser aus als mit einer Hand. Sie werden in eine runde Scheibe aus Pappe von 25–30 cm Durchmesser gesteckt, die vorher bemalt oder beklebt und vielleicht sogar mit Papierfransen verziert wurde. Sie dient als Tropfenfänger (siehe Skizzen auf Seite 53).
Zum Spiel stehen wir im Halbkreis vor dem Altar oder den Zuschauern. Was wir mit den Kerzen tun, muß langsam vor sich gehen, damit sie nicht erlöschen. Zu Beginn jedes Verses halten wir die Kerze vor uns, aber nicht zu nah, damit uns die Haare nicht anbrennen.

Beim 1. Vers strecken wir die Hände mit der Kerze langsam nach vorn, verharren dort zu den Worten: „alle sollen es sehen" und nehmen sie zum Schluß des Verses wieder zu uns her.
Zum 2. Vers führen wir die Kerze langsam nach links vorn, bis die Arme gestreckt sind, von da dann nach rechts und schließlich wieder zu uns her.
Zum 3. Vers strecken wir die Hände wieder nach vorn, halten die Kerze hoch, senken sie wieder und nehmen sie dann zu uns her.
Zum 4. Vers strecken wir die Hände wieder nach vorn, gehen dabei einen Schritt zur Mitte, so daß sich die Kerzen näher kommen und halten sie schließlich nach oben. Während das Lied nochmals gesummt wird, nehmen wir sie wieder zu uns her und treten einen Schritt zurück.
Anschließend werden die Kerzen auf einem Tischchen, das schon bereitsteht oder auf dem Boden im Kreis um die große Osterkerze auf Trinkgläsern oder Bechern abgestellt. Dort können sie weiter brennen.

des Liedes
„Unser Licht ist hell"

1. Unsre Kerze brennt,
   denn wir feiern heut Ostern.
   Unsre Kerze brennt.
2. Unser Osterlicht
   macht uns allen viel Freude.
   Unser Osterlicht.
3. Unser Osterlicht
   leuchtet hell hier im Zimmer
   (leuchtet hell in der Kirche).
   Unser Osterlicht.
4. Mit dem Osterlicht
   gehn wir alle durchs Zimmer.
   (gehn wir alle im Kreise –
   gehen wir durch die Kirche).
   Mit dem Osterlicht.
5. Mit dem Osterlicht
   stehn wir alle beisammen
   (stehn wir alle im Kreise)
   (stehn wir um den Altartisch).
   Mit dem Osterlicht.
6. Unser Osterlicht
   halten wir jetzt nach vorne.
   Unser Osterlicht.
7. Unser Osterlicht
   halten wir in die Höhe.
   Unser Osterlicht.
8. Auf das Osterlicht
   schauen wir voller Freude.
   Auf das Osterlicht.
9. Christus, unser Licht,
   singen wir miteinander.
   Christus, unser Licht.
10. In der Osternacht
    geben wir das Licht weiter.
    In der Osternacht.

Text: Gertrud Lorenz

Jeder suche sich die zu seiner Osternachtfeier passenden Verse aus. Einige der Verse eignen sich zu einem Kerzenspiel.

Wir tragen unsre Kerzen

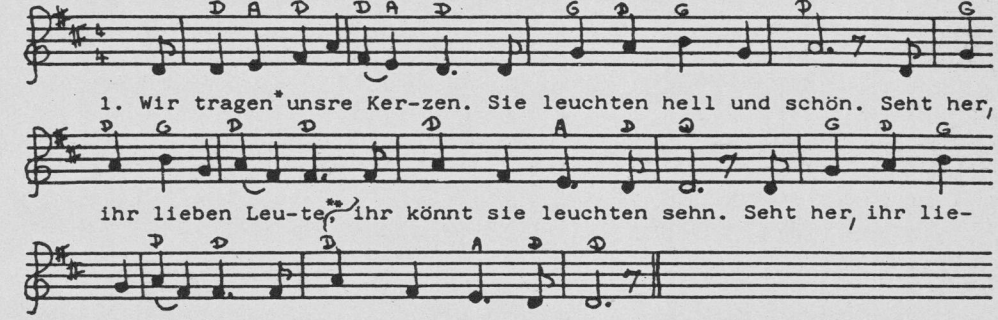

1. Wir tragen* unsre Kerzen. Sie leuchten hell und schön. Seht her, ihr lieben Leute,** ihr könnt sie leuchten sehn. Seht her, ihr lieben Leute, ihr könnt sie leuchten sehn.

* Oder: Wir freun uns an den Kerzen / Wir freun uns an der Kerze, sie leuchtet …
** Statt „Leute" evtl. auch „Kinder"

2. Wir tragen unsre Kerzen,
   Sie leuchten hell und gut.
   Seht her, ihr lieben Leute,
   und werdet frohgemut.
3. Wir tragen unsre Kerzen.
   Ihr Licht, das macht uns froh.
   Seht her, ihr lieben Leute,
   und werdet mit uns froh.
4. Wir tragen unsre Kerzen,
   und jede hat ein Licht.
   Das leuchtet in die Herzen,
   sagt: Gott vergißt euch nicht.
5. Wir tragen unsre Kerzen.
   Seht her und werdet still.
   Und wißt in euren Herzen,
   daß Gott euch lieben will.

Melodie und Text: Gertrud Lorenz

Text zu Ostern

1. Wir tragen unsre Kerzen
   heut in der Osternacht.
   Wir freuen uns von Herzen:
   Christ ist vom Tod erwacht.
2. Wir tragen unsre Kerzen.
   Tot ist der Herr nicht mehr.
   Er lebt, freut euch von Herzen.
   Er lebt, drum freut euch sehr.

Text, wenn alle Kerzen tragen sollen:

a) Wir tragen unsre Kerzen.
   Sie leuchten hell und schön.
   Tragt mit uns eure Kerzen.
   Ihr könnt sie leuchten sehn.

In den Versen 2 und 3 kann jeweils der dritte Satz auch lauten:
Tragt mit uns eure Kerzen.

Anhang: Texte und Gedanken zum Karfreitag

Seite 100/101

ERSTER TEIL
Wir hören von Jesu Leiden und singen ein Fürbittlied.

Nach dem Abendmahl betet Jesus in der Angst am Ölberg.
Dann nehmen ihn seine Feinde gefangen.
Sie sagen: „Jesus muß sterben."
Sie lachen ihn aus und schlagen ihn.
Dann laden sie Jesus das Kreuz auf.
Er muß es zum Berg Golgota tragen.
Dort muß Jesus am Kreuz hängen.
Dort muß Jesus am Kreuz sterben.
Nach seinem Tod nehmen ihn Jünger vom Kreuz ab.
Sie legen ihn in ein Grab.
Vor den Eingang wälzen sie einen großen Stein.
Sie sind sehr traurig.

(Vgl. Joh 18,12 und 19,2–42; vereinfacht: Gertrud Lorenz.)

Jesu Feinde sagen:
„Es ist gut, daß er tot ist.
Jetzt ist es mit ihm vorbei."
Aber wir müssen nicht traurig sein.
Jesus bleibt nicht tot (im Tod).
Gott gibt ihm ein neues Leben.
Jesus lebt,
darum dürfen wir Ostern feiern.

Fürbittlied: Jesus, du hast viel leiden müssen

(Vorn auf Seite 61)

ZWEITER TEIL
Wir gestalten ein Kreuz aus Blumen oder kleinen Zweigen

Vorbereiten:

1. Ein dunkelfarbiges Tuch auf einen niederen Tisch oder auf den Boden legen. Darauf zuerst eine kleine Kerze in der Farbe des Tuches, z. B. Violett oder Dunkelblau.
2. Die Teilnehmer sitzen im Halbkreis oder Kreis.
3. Für jeden wenigstens eine gebastelte oder frische Blume, zum Legen eines Kreuzes auf das Tuch.

Ausblick auf Ostern

Sprecher: Ihr habt gesehen, daß ich zu unserem Blumenkreuz zwei Kerzen gestellt habe. Die kleine Kerze, die brennt, und (?) die Osterkerze.
Diese Osterkerze will uns sagen: Jesus ist nicht tot (im Tod) geblieben. Er hat von Gott ein neues Leben bekommen. Er lebt. Deshalb dürfen wir Ostern feiern.
Deshalb wollen wir singen: Jesus, wir freuen uns, du bist an Ostern auferstanden (Melodie: Jesus, du bist so gut).

DRITTER TEIL
Wir gehen mit unserem Kreuz durch den Raum oder die Kirche

Vorbereiten:

1. Altar und Sitzordnung wie zum zweiten Teil.
2. Für jeden das am Vortag gebastelte Kreuz aus Zweigen bereitlegen (es kann auch ein kleines Metallkreuz sein).
3. Gitarre oder anderes Begleitinstrument.
4. Schallplatte oder Kassette mit Orgelmusik oder Lied: O Haupt voll Blut und Wunden.

Das Kreuz halten

Hinweis: Jeder bringt sein Kreuz mit und setzt sich. Sollte dies ein Kreuz aus Metall sein, das die Anwesenden noch nicht genau kennengelernt haben, wird es angesehen und erspürt. Wer will, kann sich dazu äußern oder Fragen stellen.

Lied: Jesus, du bist so gut, aber die Menschen laden dir das Kreuz auf.
Jesus, du bist so gut, aber die Menschen hängen dich am Kreuz auf.

Gebet

Wir wollen miteinander beten:
Jesus, unser lieber Herr,
wir sitzen hier, mit dem Kreuz in der Hand.
Du hast das Kreuz getragen.
Es war schwer.
Unser Kreuz ist nicht schwer.
Aber wenn wir Kummer und Leid tragen müssen,
das ist schwer.

standen" aus der Reihe: Was uns die Bibel erzählt. Oder Dias daraus, die Bilder 1, 2, 4, 5, 6 oder 7 und 9.
5. Gitarre oder anderes Instrument zur Begleitung des Liedes.
6. Zum Legen des Kreuzes auf das Tuch aus heller Wolle und Stecknadeln ein Kreuz stecken, um das Legen zu erleichtern.

Gebet

Wir wollen beten:
Jesus, lieber Herr,
wir sind beisammen, um dich zu grüßen.
An einem Karfreitag bist du
am Kreuz gestorben.
Davon wollen wir heute hören.
Dann grüßen wir dich mit einem Kreuz,
das wir aus Blumen legen.
Wir grüßen dich auch mit einem Lied.
Wir grüßen dich mit jedem Kreuz,
das wir in den Händen halten
und das wir durch den Raum (die Kirche) tragen.

Wir legen ein Kreuz aus Blumen

Lied: Jesus, du bist so gut (Seite 45)

Hinweise: Während des Vorspiels zum Lied oder des Summens der Melodie holt jeder eine Blume oder auch zwei Blumen und setzt sich wieder. Zum nun folgenden Legen des Blumenkreuzes brennende Kerze vom Tuch oder Tisch nehmen.
Anschließend wird jeder Vers des Liedes „Jesus, du bist so gut" vorgesungen und von allen wiederholt. Dazu steht einer nach dem anderen auf und legt seine Blume (Blumen) so auf das Tuch, daß ein Kreuz entsteht.
Statt dessen kann auch ein auf dem Tuch liegendes Kreuz mit Blumen umlegt werden.
Neben das fertige Kreuz wird die brennende Kerze gestellt. Auf der anderen Seite bekommt die Osterkerze ihren Platz. Sie wird jedoch nicht angezündet.
Bei wenigen Teilnehmern kann ein Kreuz aus wenigstens sechs Blumen gelegt werden.

Betrachten von Bildern der Leidensgeschichte

Im Bilderbuch „Jesus ist auferstanden" wenigstens die Bilder (oder die entsprechenden Dias) 2, 4, 6 oder 7 und 9. Die Betrachter äußern dazu, was sie wissen.

Jesus, heute bitten wir dich:
Hilf uns, wenn wir ein Leid zu tragen haben.
Schau auf uns, wenn wir jetzt das Kreuz tragen
und damit durch den Raum (die Kirche) gehen.

Gang mit dem Kreuz in der Hand

Hinweis: Zu leiser Musik gehen wir durch den Raum. Voran wird evtl. ein größeres Kreuz getragen. Es nach dem zweiten Umgang auf dem Altar oder dem Tuch auf dem Boden ablegen.
Mit dem Kreuz in der Hand setzen sich alle. Es nach dem Gebet am großen Kreuz ablegen.

Gebet

Wir beten mit dem Kreuz in der Hand:
Jesus, du hast das Kreuz getragen.
Alle: Wir grüßen dich.
Jesus, du bist am Kreuz gestorben
Alle: Wir grüßen dich.
Jesus, du lebst jetzt beim guten Gott.
Alle: Wir grüßen dich.
Jesus, du bist unser Freund.
Alle: Wir grüßen dich.

VIERTER TEIL

Wir verehren das Kreuz und bringen das, was uns bedrückt, zum Kreuz (ähnlich wie die Kreuzverehrung im Gottesdienst mit dem Brauch, das, was im Leben „durchkreuzt" hat, niederzuschreiben und den Umschlag mit diesem Schreiben in einem Korb beim Kreuz niederzulegen.) Alle Briefe werden am Abend des Karsamstags im Osterfeuer verbrannt.

Vorbereiten:

1. Altar und Sitzordnung wie zum zweiten Teil.
Oder: beim Besuch der Kirche *nach* dem Hauptgottesdienst, wenn dort das Kreuz noch zur Verehrung auf den Altarstufen liegt.
2. Für jeden ein Kreuz aus festem Papier vorbereiten (siehe Muster), das er für seinen Aufschrieb benützen kann (siehe 3.).
3. Vorangegangen ist ein Gespräch über das, was für den einzelnen ein Kreuz ist, das er zu tragen hat. Jeder schreibt oder malt (oder läßt schreiben oder malen), was er als sein Kreuz empfindet.
4. Die Rückseite des Papierkreuzes kann bemalt werden (z. B. mit Blumen).

Anhang: Texte und Gedanken zum Karfreitag

Seite 102/103

Zum Kreuz gehen

Hinweis: Leise Orgelmusik trägt zur Sammlung bei.

Sprecher: In der Karfreitagsfeier in der katholischen Kirche findet unter anderem ein Gang, eine Prozession durch die Kirche statt, bei der ein großes Kreuz vorangetragen wird.
Dreimal singt der Priester: „Seht das Kreuz, an dem der Herr gehangen, das Heil der Welt." Darauf antworten alle: „Kommt, lasset uns anbeten."
Er legt das Kreuz vor den Stufen zum Altar ab. Alle gehen nacheinander zum Kreuz, knien kurz nieder oder machen eine Kniebeuge oder eine tiefe Verbeugung.
So machen wir es auch: Wir gehen hinter dem Kreuz her durch den Raum (die Kirche), dann setzen wir uns.
Wenn das Kreuz in unserer Mitte auf dem Tuch liegt, gehen wir nacheinander zu ihm und nehmen das Papierkreuz mit, auf dem steht, was uns bedrückt, was unser Kreuz ist und legen es ab.
Jeder kniet kurz nieder oder macht eine Kniebeuge oder verbeugt sich tief. Dann geht er an seinen Platz zurück.
In der Osternacht verbrennen wir die Schreiben, in denen ihr Jesus euer Kreuz anvertraut habt (z. B. im Freien auf einem offenen Grill).

Gebet

Laßt uns die Hände offen nach vorn halten und beten:
Unser Herr, vor uns liegt das Kreuz.
Wir haben es betrachtet.
Wir sind zu diesem Kreuz gegangen.
Wir haben die Knie gebeugt und uns verneigt.
Wir haben das, was uns bedrückt,
am Kreuz niedergelegt.
Du weißt, was uns Kummer macht.
Du weißt von unserer Angst und Not.
Bitte hilf uns, wenn wir es schwer haben.
Bitte hilf ..., daß ihre Krankheit sich bessert.
    (Bekannten Kummer hier nennen)
Alle dazwischen: Bitte hilf.
Bitte hilf allen, die es schwer haben.

FÜNFTER TEIL

Anstelle des Fürbittliedes oder eines kurzen Gebetes können die folgenden Fürbitten gesprochen und das „Herr, erbarme dich" jeweils von allen gesprochen oder in der bekannten Weise gesungen werden.
Jesus, du hast Feinde gehabt.
Es gibt viele Menschen, die auch Feinde haben.
Für sie bitten wir:
Alle: Herr, erbarme dich.
Jesus, du hast Angst gehabt.
Es gibt viele Menschen, die Angst haben.
Für sie bitten wir:
Alle: Herr, erbarme dich.
Jesus, du bist von einigen Jüngern enttäuscht worden.
Es gibt viele Menschen, die enttäuscht werden.
Für sie bitten wir:
Alle: Herr, erbarme dich.
Jesus, du bist gefangengenommen worden.
Es gibt Menschen, die das auch erleben müssen.
Für sie bitten wir:
Alle: Herr, erbarme dich.
Jesus, du bist ausgelacht und verspottet worden.
Es gibt Menschen, die das auch erleben müssen.
Für sie bitten wir:
Alle: Herr, erbarme dich.
Jesus, du bist geschlagen worden.
Es gibt viele Menschen, sogar auch Kinder, die geschlagen werden.
Für sie bitten wir:
Alle: Herr, erbarme dich.
Jesus, du hast das schwere Kreuz tragen müssen.
Es gibt viele Menschen, die ein Kreuz zu tragen haben, darunter auch Kinder.
Für sie bitten wir:
Alle: Herr, erbarme dich.
Jesus, du bist am Kreuz gestorben.
Jeden Tag sterben Menschen.
Für sie bitten wir:
Alle: Herr, erbarme dich.

Am Karfreitag könnte in einer katholischen Kirche evtl. auch der „Kreuzweg" (die 14 Bilder) vom Leiden Jesu betrachtet werden.
Dies empfiehlt sich jedoch bei sehr realistischen und grausamen Bildern nicht.
Wer möchte, kann sich nach dem Ansehen vor dem Bild verneigen oder eine Kniebeuge machen.

Zum Legen des Kreuzes aus Blumen

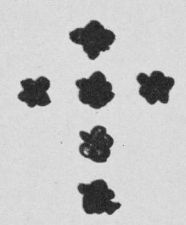

Kreuz von wenigen Mitfeiernden gestaltet.
Jeder legt eine Blume ab.

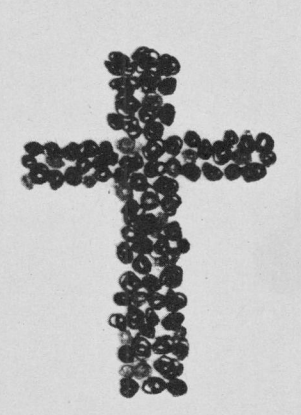

Kreuz von vielen Mitfeiernden.
Evtl. legt jeder zwei Blumen ab.

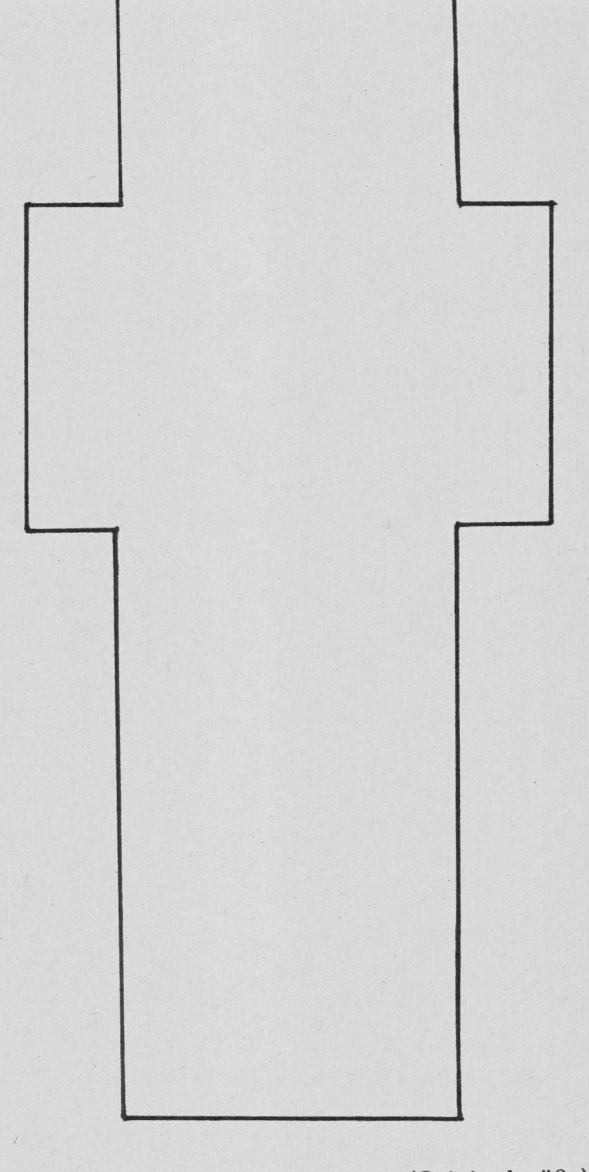

Schablone des Zettels in Kreuzform (Originalgröße), die zum Aufschreiben oder Malen dessen benützt werden kann, was die einzelnen bedrückt.

Anhang: Gebete beim Kreuz

Seite 104/105

Es kann auch „Gebet um das Kreuz" heißen, wenn die Teilnehmer im Kreis um das Kreuz sitzen.

Bei diesem Zusammensein kann zum Kreuz gebracht werden, was gerade aktuell ist, was die Teilnehmer oder einen unter ihnen, der etwas Besonderes erlebt hat, bewegt.

Man kann es aber auch im Blick auf die Dinge gestalten, mit denen das Kreuz umlegt wird, oder die neben das Kreuz gestellt (gelegt) werden.

Es kann sich hierbei um Blätter handeln, um Moos, Blumen, Muscheln, Steine, Korn, Erde und vieles andere mehr.

Vorbereiten:

1. Ein Tuch, dessen Farbe der Stimmung des Themas entspricht,
2. ein Kreuz,
3. eine Kerze oder Öllampe oder Teelichter, mit denen das Kreuz umstellt wird,
4. etwas zum Umlegen des Kreuzes oder zum Danebenstellen,
5. Instrumente, evtl. Schallplatte oder Kassette mit passender Musik.

ERSTES THEMA
AUFREGUNGEN

Hinweise: Inmitten der Runde liegt das Tuch auf dem Boden oder Tisch. Alles andere ist bereitgelegt.

Bei leiser Musik zum Stillwerden wird das Kreuz auf das Tuch gelegt. Ein anderer stellt die Kerze daneben und zündet sie an. Die Musik endet bald.

Zum Anfangslied reichen sich alle die Hände.

Lied: Kommt, wir wollen miteinander feiern (im Anhang Seite 88).

Hinweis: Zur Ermutigung kann der Sprecher evtl. berichten, was er sagen will, z.B.: Ich habe mich aufgeregt, weil ich heute morgen verschlafen habe und zu spät kam. Oder: Ich habe mich aufgeregt, weil der Hund des Nachbars mich erschreckt hat …

So kann deutlich werden, daß auch kleine Aufregungen genannt werden dürfen, wozu meist auch Ärger gehört.

Wir bringen zum Kreuz, was uns aufgeregt hat

Gebet

Lieber Herr,
wir wollen dir sagen, was uns aufgeregt hat.

Ich habe mich aufgeregt über …
Alle: Herr, erbarme dich (evtl. gesungen)

… hat sich aufgeregt, weil …
Alle: Herr, erbarme dich.

Bei … zu Hause war große Aufregung wegen …
Alle: Herr, erbarme dich.
…

Lieber Herr, nimm diese Aufregungen weg von uns.
Hilf uns, ruhiger zu werden. *Alle:* Amen.

Wir bringen zum Kreuz, was uns freut

Zusätzlich vorbereiten: ein Körbchen mit frischen Blüten und Blättern.

Lied

Herr, wir freuen uns, oder: Fröhlich will ich singen.
Den Vers vom Frühling (Seite 67).
Zwei- bis dreimal denselben Vers singen und dazu klatschen und musizieren.
Das Körbchen mit den Blättern und Blumen wird herumgereicht. Jeder nimmt sich etwas und schaut es erst einmal an. Nacheinander gehen alle zum Kreuz und schmücken es. Dazu leise Musik.

Gebet

Laßt uns miteinander beten:
Unser Gott, wir sind zusammengekommen,
um beim Kreuz zu beten und zu singen.
Wir grüßen dich.
Wir grüßen auch Jesus, unseren Freund.
Sprecher: Heute wollen wir zum Kreuz bringen, was uns aufgeregt hat. Jesus weiß, wie das ist. Er hat sich bestimmt auch manchmal aufgeregt.
Ihr wollt sicher wissen, warum. Zum Beispiel, wenn ihn seine Jünger nicht verstanden haben, obwohl er ihnen etwas genau erklärte. Oder wenn ihn seine Feinde hereinlegen wollten mit ihren Fragen.
Wenn wir Jesus heute sagen, was uns aufgeregt hat, versteht er uns.
Wir wollen im Sitzen unsere beiden Füße auf den Boden stellen und die offenen Hände auf die Oberschenkel legen, als wollten wir alles, was uns aufgeregt hat, hergeben.
Jeder darf nun sagen, was er möchte. Wenn ich es für ihn sagen soll, kann er es mir vorher leise sagen.

Gebet

Lieber Herr, wir haben dein Kreuz geschmückt.
Nun wollen wir auch noch zu dir bringen,
was uns vor Freude aufregt.

Vor den Ferien sind wir ganz aufgeregt,
weil wir uns freuen.

(Hier weitere Beispiele nennen und wenn möglich frohe Erlebnisse der einzelnen zur Sprache bringen oder die Teilnehmer ermutigen, selbst davon zu sprechen.)

Lied: Wir rufen es laut

Gebet

Jesus, lieber Herr,
mit Blättern und Blumen
haben wir das Kreuz geschmückt.
Wir freuen uns, weil sie schön sind.
Wir freuen uns, weil Gott uns viel Schönes schenkt
Zum Schluß unserer Feier
wollen wir dich, Jesus, grüßen.
Wir tun es, indem wir langsam
und feierlich das Kreuz über uns machen.
Im Namen des Vaters ...

Eine Anregung zum Erlernen des Kreuzzeichens

( ) In Klammer der Text zum Kreuzzeichen.
Darunter der Text, der als Hilfe gesprochen wird:

Die Gesten, die der Sprecher vormachen sollte:
Vorher sagt er: Wir zeigen mit den Fingern der rechten (der einen) Hand – ohne Daumen – an die Stellen, die ich nenne und zeige.

1. (Im Namen des Vaters)
Mit meinem Kopf,

Finger an die Stirn legen.

2. (und des Sohnes)
mit meinem Herzen,

Finger auf die Mitte der Brust nahe dem Nabel legen.

3. (und des Heiligen Geistes)
mit meinen beiden Seiten
oder Schultern

Finger erst an die eine, dann an die andere Vorderseite der Schulter legen.

4. (Amen.)
und mit meinen Händen
grüße ich Jesus*.

Hände falten,
Kopf zum Gruß neigen.

* Es kann auch heißen „grüße ich dich, guter Gott" oder: „grüße ich den guten Gott" oder ähnliches

Anhang: Gebete beim Kreuz

Seite 106/107

ZWEITES THEMA
SAMEN

Zusätzlich vorbereiten: ein kleines Gefäß mit Samen, von denen jeder Körner in die Hand bekommen und dann um das Kreuz streuen kann, evtl. Schnittlauch oder ein anderes Küchenkraut, da deren Samen in einen Blumentopf oder Schale mit Erde gestreut werden kann.

Lied: Kommt, wir wollen

Gebet

Jesus, wir sind wieder beim Kreuz zusammengekommen.
Neben dem Kreuz steht eine Schale.
In dieser Schale sind Samenkörner.
Sie sind ganz klein.
Sie sind ganz trocken.
Jesus, diese Samenkörner sind kleine Wunder.
Wir wollen sie näher ansehen.

Hinweis: Zuerst soll Musik erklingen. Dann darf sich jeder von den Samenkörnern einige holen. Oder werden sie jedem in die Hand gegeben. Beides soll langsam vor sich gehen.

Musik leiser stellen!
Sprecher: Wir schauen die Samenkörner in unserer Hand an.
Welche Farbe haben sie?
Was für Samen könnten das sein?
Beim Kreuz steht eine Schale mit Erde.
Was geschieht, wenn wir die Samen in die Erde legen (streuen)?
Dann kommen kleine Pflanzen heraus. Man sagt, der Samen geht auf.

Lied: Der Samen ist trocken (siehe Seite 17). Vers 1
Sprecher: Wir wollen unsere Samen jetzt in die Erde streuen. (Stille)

Lied: Der Samen ist trocken, alle Verse (evtl. dazu spielen)

Gebet

Jesus, unser Freund,
wie es mit dem Samen zugeht, das ist toll.
In jedem kleinen Samenkorn steckt eine große Kraft.
Es ist eine Kraft, die wir nicht sehen.
Erst nach einiger Zeit sehen wir die Pflanzen,
die aus den Samen kommen.

Jesus, wir freuen uns,
weil das mit dem Samen zum Staunen ist.

Jesus, wir bitten dich heute:
Laß uns wie Samen sein, mit viel Kraft zum Guten.
Laß uns wie Samen sein, aus denen
schöne Blumen der Freundlichkeit herauswachsen.

Jesus, laß die ... wie ein Samenkorn sein,
aus dem die Blume Freundlichkeit wächst.
(So eines jeden Namen nennen. Diejenigen halten dazu bittend ihre Hände auf. – Oder: jeder Teilnehmer kann so oder ähnlich selbst sagen und dazu die Hände öffnen.)
Zum Abschluß gemeinsames Kreuzzeichen.

Gertrud Lorenz

Kommt, wir singen Halleluja

Ein Spiellied zu Ostern

1. Kommt, wir singen: Halleluja, denn der Herr Jesus lebt.
Kommt, wir singen: Halleluja, denn der Herr Jesus lebt.

2. Kommt, wir klatschen in die Hände, denn der Herr Jesus lebt ...
3. Kommt, wir spielen auf Instrumenten (tatsächlich oder in Pantomime), denn der Herr Jesus lebt ...
4. Kommt, wir drehn uns auf der Stelle, denn der Herr Jesus lebt ...
5. Kommt, wir stampfen mit den Füßen, denn der Herr Jesus lebt ...
6. Kommt, wir hüpfen durcheinander, denn der Herr Jesus lebt ...
7. Kommt, wir tanzen jetzt zu zweien, denn der Herr Jesus lebt ...
8. Kommt, wir reichen uns die Hände, denn der Herr Jesus lebt ...
9. Kommt, wir gehen froh im Kreise, denn der Herr Jesus lebt ...
10. Kommt, wir knien (setzen) uns hier nieder, denn der Herr Jesus lebt ...
11. Kommt, wir wiegen uns zum Singen, denn der Herr Jesus lebt ...
12. Kommt, wir falten unsre Hände, denn der Herr Jesus lebt ...
13. Kommt, wir neigen unsre Köpfe, denn der Herr Jesus lebt ...
14. Kommt, wir schauen auf die Kerze (Kerzen), denn der Herr Jesus lebt ...
15. Kommt, wir singen: Halleluja, denn der Herr Jesus lebt ...

Was zu den einzelnen Versen getan werden kann, ergibt sich aus dem Text.
Jeder wähle im Blick auf seine Gruppe die Verse aus.
Text und Melodie: Gertrud Lorenz

Anhang: Osternachtfeier am Abend des Karsamstags

Seite 108/109

Diese Feier ist im häuslichen Kreis ebenso möglich wie in größerem Rahmen oder in der Kirche. Etwas abgeändert, kann sie auch tagsüber stattfinden.

Vorbereiten:

1. Tisch mit weißem Tischtuch, darauf Osterkerze und Osterbaum. Er kann auch seitlich im Raum stehen. Neben der Osterkerze kann auch eine Vase mit einigen Osterglocken oder ein Gesteck aus Frühlingsblumen stehen.
2. Je nach Anzahl der Teilnehmer sitzen alle am Tisch bzw. im Kreis oder Halbkreis um einen niederen Tisch.
3. Irgendwo bereitlegen: Kerzen mit großen Tropfenfängern für alle (siehe Seite 52).
4. Gläser oder Becher zum Abstellen der Kerzen mit den Tropfenfängern.
5. Instrumente, vor allem Triangeln, Glöckchen, auch Gehänge mit Glöckchen und Melodie-Instrumente.
6. Kleine Lichtquelle: Öllampe oder farbiges Teelicht.
7. Evtl. Schallplatte oder Kassette mit getragener Musik.

Für das anschließende Ostermahl:

- Käse, Wurst, Gurken und Obst in kleine Stücke schneiden und darauf Party-Spießchen stecken.
- Aufgebackenes (im Backofen) langes Weißbrot in Scheiben.
- Saft, Sprudel evtl. Bowle ohne Alkohol, für die Älteren Wein.
- Teller oder Schale zum Ablegen der Spießchen.

1. Teil

Dunkler Raum – Stille – Öllampe brennt abseits.
Oder man versammelt sich im Freien um ein kleines Osterfeuer, z.B. in einem offenen Holzkohlengrill, in dem die am Karfreitag beschriebenen oder bemalten Zettel oder Briefe verbrannt werden. Stille.
Sprecher: Laßt uns miteinander die Osternacht (Ostern) feiern.
Laßt uns feiern, daß Jesus lebt.
Er ist nicht im Tod geblieben.
Er ist auferstanden.

Ein anderer Erzählvorschlag der Osterbotschaft

Manchmal gehen wir zum Grab eines Menschen, den wir liebgehabt haben.

So gehen auch drei Frauen zum Grab Jesu.
Es ist kein Grab wie bei uns auf dem Friedhof.
Es ist ein Felsengrab, eine kleine Kammer im Berg.
(Statt Kammer auch Raum oder Zimmer.)
Vor der Tür zu diesem Grab liegt ein großer Stein.

Auf dem Weg zum Grab sagen die Frauen:
„Ob wir den Stein ohne Hilfe wegwälzen können?
Er ist doch so groß und schwer."
Doch der Stein vor dem Grab ist schon weggewälzt.
Jesus liegt nicht mehr im Grab.
Ein Engel sagt zu den Frauen:
„Jesus ist auferstanden, er lebt.
Geht und sagt es seinen Jüngern."

Ein sehr einfacher Erzählvorschlag, der sich auch zu einer Pantomime oder szenischen Darstellung eignet.

Es ist früh am Ostermorgen.
Gerade geht die Sonne auf.
Drei Frauen gehen zum Grab von Jesus.
Aber Jesus ist nicht mehr im Grab.
Die Frauen fragen leise:
„Wo mag er sein?"
Da sagt ihnen ein junger Mann (ein Engel):
„Jesus ist nicht mehr tot.
Er lebt.
Gott hat ihn aufgeweckt.
Geht und sagt es allen weiter."
Die Frauen gehen und sagen diese Nachricht weiter.
Alle, die traurig waren über Jesu Tod,
freuen sich.

Lied: Sagt es allen weiter (auf Seite 89)
Zu diesem Lied kann ein (Schreit-)Tanz mit Gesten des Rufens eingeübt werden.

Anzünden der Osterkerze

Im Freien wird die Osterkerze am Feuer mit einem Span entzündet und in den dunklen Raum getragen.
Im Raum wird sie am Licht der Öllampe entzündet.
Der Sprecher hält die Osterkerze und singt oder sagt evtl. dreimal: „Freut euch alle, Jesus lebt", und alle wiederholen das.
Es kann auch der liturgische Ruf „Christus, das Licht" dreimal gesprochen oder gesungen werden, und alle wiederholen diesen Ruf.

Anzünden der Kerzen, Singen eines Osterliedes und Hören der Osterbotschaft

Entweder gehen alle einzeln zur Osterkerze und entzünden ihre Kerze an ihrem Licht, evtl. mit Hilfe,
oder das Licht wird von einem zum anderen weitergegeben, bis alle Kerzen brennen.
Mit den Kerzen in Händen wird ein Osterlied (nach Wahl) gesungen.
Mit den Kerzen in Händen wird die Osterbotschaft gehört.

Evangelium Mk 16, 2–7

Am Ostermorgen gehen drei Frauen zum Grab Jesu.
Es ist noch sehr früh am Tag.
Unterwegs sagen sie:
„Vor dem Grab liegt ein großer Stein.
Wer hilft uns wohl, ihn wegzuwälzen?"

Die Frauen kommen zum Grab.
Der Stein ist schon weggewälzt.
Das Grab ist offen.
Jesus ist nicht mehr (da.) im Grab.

Aber ein junger Mann sitzt daneben.
Er ist ein Bote von Gott.
Seine Kleider sind ganz weiß.
Er sagt zu den Frauen:

„Ihr sucht Jesus.
Ich habe eine gute Nachricht für euch.
Jesus ist nicht mehr hier.
Er ist auferstanden, er lebt.
Geht und sagt es seinen Jüngern."

(Vereinfacht: Gertrud Lorenz)

Kerzenprozession

Mit der Osterkerze an der Spitze kann nun eine Lichterprozession durch den Raum gehalten werden, zu der Musik von Schallplatte, Instrumenten oder Orgel erklingt.
Wer seine Kerze trotz des großen Tropfenfängers nicht allein tragen kann, wird von einer Person begleitet, die es für ihn oder mit ihm zusammen tut.
Gibt es nicht so viele Begleiter, werden die Kerzen derer, die nicht mitgehen, auf den Altar gestellt (auf Bechern abgestellt), und sie dürfen Zuschauer bei der Prozession sein. In der Kirche könnten sie erhöht sitzen, um alles gut zu sehen.
Die Kerzen werden abgestellt – danach klingt die Musik aus.

Osterlied: Kommt, wir singen: Halleluja
Die Verse 1, 3 und 14 werden von vielen Instrumenten begleitet gesungen. Nach dem Ablegen der Instrumente werden die anderen Verse gespielt.
Das Lied kann aber auch die Feier nach dem Gebet beenden.

Schlußgebet

Laßt uns miteinander beten:
Unser Gott, es ist Ostern.
Die Osterkerze brennt.
Unsere Kerzen brennen.
Wir haben gehört: Jesus lebt.
Wir freuen uns, daß Ostern ist.
Wir danken dir für alle Freude.
Oder:
Du guter Gott, wir freuen uns, weil Ostern ist.
Alle: Wir freuen uns.
Die Osterkerze brennt.
Alle: Wir freuen uns.
Unsere Kerzen brennen alle.
Alle: Wir freuen uns.
Wir haben gehört: Jesus lebt.
Alle: Wir freuen uns.
Wir haben Osterlieder gesungen.
Alle: Wir freuen uns.
Wir haben die Instrumente erklingen lassen.
Alle: Wir freuen uns.
Wir haben einen schönen Gottesdienst gefeiert.
Alle: Wir freuen uns.
Wir danken dir. Amen.

Es folgt das Ostermahl

Anhang: Aus traurigen Jüngern werden frohe Jünger   *Seite 110/111*

Vorschlag für eine besinnliche Osterfeier, bei der alle als die Jünger Jesu mitmachen können. Evtl. sollten die drei Frauen ihre Rolle vorher einüben, bei einer Pantomime kann das jedoch entfallen, weil der Sprecher und seine Helfer die Instrumente bedienen können.

Vorbereiten:

1. wie zur Feier der Osternacht: Tisch usw.,
2. eine möglichst große Triangel (evtl. mehrere),
3. ein dumpf eingestelltes Tamburin mit weichem Schlegel (oder mehrere),
4. Lied „Jesus, du bist so gut" auf Kassette gesungen (sehr langsam gesungen und mit Instrumenten begleitet oder sogar nur gesummt),
5. Lied „Freut euch alle, Jesus lebt" 1. Vers, von Instrumenten begleitet, lebhaft auf Kassette gesungen. Der eine Vers wird öfter wiederholt.

Oder:

4. Kassette mit sehr getragener Musik,
5. Kassette mit froher Musik (z.B. Halleluja von Händel),
6. zum Essen gibt es gefärbte Ostereier,
7. Servietten und einen Teller für die Eierschalen.

Hinweise: Triangel und Tamburin liegen vor dem Sprecher und vor den Personen, die ihn evtl. unterstützen.
Vor oder zu den Liedern stellt ein Helfer die Kassette an. Evtl. kann die Kassette das Singen ersetzen oder aber es kann die passende Musik zur Darstellung der unterschiedlichen Stimmungen benützt werden.
Evtl. kann auch leises Schlagen des Tamburins und danach der Triangel, auf Kassette aufgenommen, als Hintergrund für das Sprechen genommen werden.

Von den traurigen Jüngern

Das Sprechen wird von leisem Schlagen auf das Tamburin begleitet. Nach jedem Satz folgen einige lautere Schläge. Langsam sprechen. Text kann gekürzt werden.

Zuhören:

Zu den traurigen Jüngern kommen drei Frauen.
Sie bringen eine gute Nachricht.
Sie sagen:
Freut euch alle, Jesus lebt. *

Die Jünger heben die Köpfe.
Sie nehmen die Hände von den Augen.
Sie schütteln ihre Köpfe.
Sie können es nicht glauben.

Aber die Frauen sagen noch einmal:
Freut euch alle, Jesus lebt.*
Gott hat ihn aufgeweckt vom Tod.*

Die Frauen gehen zu allen Jüngern.
Sie rütteln sie (ein bißchen) an den Schultern.
Sie sagen zu jedem: Jesus lebt. *

Die Jünger schütteln noch ihre Köpfe,
aber sie machen dabei schon ganz frohe Gesichter.*
Erst sagen sie es ganz leise: Jesus lebt.
Dann rufen sie es alle durcheinander.*
Jesus lebt. Jesus lebt.*

Sie stehen auf und reichen sich die Hände.
Sie fallen sich um den Hals.
Sie freuen sich, weil Jesus lebt.*

Sie sagen: Wir sind so froh.
Jesus lebt.
Gott hat alles gut gemacht.

* Nach den Sätzen mit dem Stern wird die Triangel jeweils lauter und schneller.

Zuhören:

Jesus hat Feinde.
Sie mögen ihn gar nicht.
Sie ärgern sich über ihn.
Sie wollen nicht hören, was er sagt.
Sie wollen nicht sehen, wieviel Gutes er tut.

Seine Feinde nehmen Jesus gefangen.
Sie verspotten ihn und lachen ihn aus.
Sie schlagen ihn.
Sie bringen ihn ans Kreuz.
Jesus muß am Kreuz sterben.

Lied: Jesus, du bist
Leise von Kassette – Zuhören – Stille

Die Jünger von Jesus sind sehr traurig.
Sie haben ihren Freund nicht mehr.
Sie haben ihren Lehrer nicht mehr.
Sie haben ihren Jesus nicht mehr.

Lied: Jesus, du bist
Alle Verse oder nur den letzten singen.

Darstellen:

Wir wollen die Jünger sein.
Wir sind genauso traurig wie sie.
Wir lassen den Kopf ganz tief hängen.

Weil wir so traurig sind wie die Jünger,
wollen wir nichts mehr hören.
Darum legen wir die Hände auf unsre Ohren.

Weil wir so traurig sind wie die Jünger,
wollen wir auch nichts mehr sehen.
Darum legen wir jetzt die Hände vor die Augen.

Am liebsten würden wir weinen.
Darum streichen wir (sacht) mit den Fingern über die Augen
(von der Nase nach außen).

Uns ist so schwer ums Herz wie den Jüngern.
Darum atmen wir tief und schwer (= seufzen)
(evtl. vormachen).

Das Tamburin wird leise und verstummt.
Die Triangel beginnt sehr leise und langsam zu klingen.
Durch die Veränderung des musikalischen Hintergrunds ändern die Teilnehmer ihre Haltung meist von selbst, sonst sie zum Weiterhören auffordern.
Das Spiel der Triangel begleitet den Text entsprechend.

Darstellen:

Wir wollen wieder die Jünger sein.
Erst sind wir noch ganz traurig.
Dann hören wir die gute Nachricht der Frauen.
Sie sagen: Freut euch alle, Jesus lebt.

Wir heben die Köpfe.
Wir nehmen die Hände von den Augen.
Wir schütteln die Köpfe wie die Jünger.

Wir hören die Nachricht der Frauen noch einmal:
Freut euch alle, Jesus lebt.
Gott hat ihn aufgeweckt vom Tod.
Die Frauen rütteln uns an den Schultern.
Zu jedem sagen sie: Jesus lebt.
Wir schütteln noch einmal die Köpfe.

Erst sagen wir ganz leise: Jesus lebt.
Dann rufen wir alle durcheinander:
Jesus lebt. Jesus lebt.

Wir geben uns die Hände.
(Wir fallen uns um den Hals.)
Wir klatschen und freuen uns, weil Jesus lebt.

Sprecher:

So sind an Ostern aus den traurigen Jüngern frohe Jünger geworden.
Als Zeichen für unsere Osterfreude zünden wir an der kleinen Öllampe die Osterkerze an.
Und dann zünden wir unsere Kerzen an der Osterkerze an und singen ein Osterlied.
Es folgt die Prozession mit den Lichtern, das Abstellen der Kerzen und das Lied: „Kommt, wir singen: Halleluja".

Ostereieressen

Das Ostereieressen beendet die Feier.

Anhang: Gottesdienst zum Thema Emmaus

Seite 112/113

Vorbereiten:

1. Steine,
2. ein kräftiges, farbiges Tuch in die Mitte des Tischs oder der Sitzrunde legen,
3. Osterkerze und Streichhölzer.

**Erster Teil:
Anhören der Geschichte**

Erzählen von den Jüngern, die Sorgen haben, siehe Texte auf Seite 70. Mit Benützen der Steine.

Oder: Singen oder Anhören des Liedes „Zwei Jünger gehn nach Emmaus"

Oder: Anbieten des Evangeliumtextes von den Emmaus-Jüngern:

Evangelium Lk 24,13–35

Zwei Jünger gehen nach Emmaus (Eine Ostererzählung)

An Ostern gehen zwei Jünger nach Emmaus.
Unterwegs reden sie von Jesus und seinem Tod am Kreuz.
Plötzlich geht Jesus mit ihnen.
Aber die Jünger sind wie blind.
Sie erkennen ihn nicht.
Er ist für sie wie ein Fremder.

Er fragt sie:
„Was ist los mit euch?
Über was redet ihr?
Warum seid ihr so traurig?"

Die Jünger antworten:
„Wir reden von Jesus und seinem Tod am Kreuz.
Drei Tage ist das schon her.
Wir verstehen nicht, daß es so kommen mußte."

**Zweiter Teil:
Eigene und andere Sorgen**

Sprecher:
Viele Leute haben Sorgen. Wir haben auch manchmal Sorgen. Dann ist es uns schwer ums Herz. Dann sind wir bedrückt.
Sorgen können schwer wie die Steine sein, die hier liegen. Wer möchte, darf von seinen Sorgen oder von den Sorgen anderer erzählen.
Jeder darf jetzt einen „Sorgenstein" aussuchen, als Zeichen für seine Sorgen oder die Sorgen eines anderen, den er gern hat.

Wir machen uns mit den Sorgensteinen auf den Weg

Sprecher:
Mit den Steinen, die wir ausgesucht haben, machen wir uns wie die Emmaus-Jünger auf den Weg. Wir gehen durch den Raum (die Kirche) kreuz und quer. Jeder geht allein. Den Stein tragen wir, wenn er schwer ist, mit beiden Händen.
Zum Gehen leise Musik

Wir bringen die Steine zur Osterkerze

Hinweise: Die Osterkerze wird in die Mitte des Raumes auf einen niederen Tisch gebracht und angezündet (oder auf den Altar).
Die Musik verstummt. Alle Steinträger bleiben stehen.
Eine Person geht zur Osterkerze und zündet an ihr eine kleinere Kerze mit einem Kreuz an. Mit dieser Kerze geht sie zu jedem Steinträger, legt ihm einen Augenblick die Hand auf Arm oder Schulter und sagt oder winkt nur: Komm zur Osterkerze (es kann auch ein Satz wie „Jesus läßt dich nicht allein" gesagt werden).
Alle versammeln sich um die Osterkerze, legen nacheinander die Steine um sie herum ab und setzen sich in die Runde.

Der Fremde erklärt ihnen:
„Es steht in der Bibel,
daß es mit Jesus so kommen wird."

Am Abend kommen sie nach Emmaus.
Die Jünger bitten den Fremden:
„Bleibe bei uns.
Es wird ja schon dunkel."

So geht der Fremde mit ihnen ins Haus.
Er setzt sich mit ihnen zu Tisch.
Beim Essen nimmt er Brot.
Er spricht ein Dankgebet.
Dann bricht er das Brot auseinander
und gibt es ihnen.
Jetzt geht ihnen auf: Das ist Jesus.
Er tut dasselbe wie beim Abendmahl.
Daran erkennen sie ihn.

Doch nun dürfen sie ihn nicht mehr sehen.
Trotzdem wissen sie: Jesus lebt.
Gott hat ihn vom Tod aufgeweckt.

Sie sagen: „Darum wurde es uns unterwegs
so warm ums Herz, weil er mit uns redete."

Noch am selben Abend gehen die Jünger
nach Jerusalem zurück.
Voller Freude erzählen sie den anderen,
was sie erlebt haben.
Sie sagen: „Jesus ist auferstanden. Er lebt.
Er ist mit uns nach Emmaus gegangen.
Er hat mit uns am Tisch gesessen.
Am Brechen des Brotes haben wir ihn erkannt."

(Vereinfacht: Gertrud Lorenz)

Zu diesem Evangelium gibt es Bilder in „Jesus ist auferstanden" aus der Reihe: Was uns die Bibel erzählt (Bibelstiftung Stuttgart) und eine entsprechende Dia-Serie.

Gebet zum Schluß

Lieber Herr,
die Jünger haben dir ihre Sorgen gesagt (anvertraut).
Wir kommen auch mit vielen Sorgen zu dir.
Es sind unsere Sorgen und die Sorgen anderer.

Hilf uns, diese Sorgen zu tragen.
Hilf den anderen, ihre Sorgen zu tragen.
Darum bitten wir dich.
Alle: Darum bitten wir dich.

Dritter Teil:
Was fällt uns zur Emmaus-Geschichte ein?

(Dieser Teil kann an den ersten Teil angefügt werden.)

In einem Gespräch kann zusammengefaßt werden:
... daß die Jünger Sorgen hatten.
... daß jeder Mensch irgendwann Sorgen hat.
... daß Jesus uns beistehen (helfen) will,
  wenn wir Sorgen haben.
und:
... daß Jesus die Jünger begleitet hat.
... daß er bei ihnen war, als sie traurig und bedrückt waren.
... daß Jesus auch uns begleitet (auf dem Lebensweg).
... daß er auch bei uns ist, wenn wir traurig und bedrückt sind.
und:
... daß die Jünger Jesus von ihren Sorgen erzählt haben,
... daß sie ihm ihre Sorgen anvertraut haben.
... daß auch wir ihm von unseren Sorgen erzählen dürfen,
... daß wir ihm alles anvertrauen dürfen.
und:
... daß wir anderen beim Sorgentragen helfen können, wenn wir Zeit für sie haben, um bei ihnen zu sein, und wenn wir sagen: Erzähle von deinen Sorgen, oder: Ich möchte dir helfen.

Beachten: Es müssen keineswegs alle Punkte zur Sprache kommen!

Anhang: Gottesdienst zum Thema Emmaus

Seite 114/115

Zum folgenden Gebet wird ein Korb mit Steinen vorbereitet. Die Osterkerze steht in der Mitte eines Tuches.

Nach jeder Bitte des Gebets geht einer zum Korb, holt einen Stein und legt ihn zur Osterkerze. Ist er wieder an seinem Platz, folgt die nächste Bitte.

Gebet

Laßt uns heute beten für alle, die Sorgen haben.
Unser Herr, wir bitten dich für alle, die traurig sind.
Alle: Steh ihnen bei.
Unser Herr, wir bitten dich für alle, die sich verlassen fühlen.
Alle: Steh ihnen bei.
Unser Herr, wir bitten dich für alle, die krank sind.
Alle: Steh ihnen bei.
Unser Herr, wir bitten dich für alle, die sich um einen lieben Menschen Sorgen machen.
Alle: Steh ihnen bei.
Unser Herr, wir bitten dich für alle, die behindert sind.
Alle: Steh ihnen bei.
Unser Herr, wir bitten dich für alle, die manches nicht fertigbringen.
Alle: Steh ihnen bei.
Unser Herr, wir bitten dich für alle, die manches nicht begreifen.
Alle: Steh ihnen bei.
Unser Herr, wir bitten dich für alle, die enttäuscht werden.
Alle: Steh ihnen bei.
Unser Herr, wir bitten dich für alle, die keinen Freund finden.
Alle: Steh ihnen bei.
Jesus, lieber Herr, hilf uns und allen, die Sorgen haben.

Passende Bitten auswählen oder einfügen!

Lied: Fröhlich will ich singen, nur 2. Vers und dazu klatschen. 2. Vers öfter wiederholen, teilweise mit den Händen über dem Kopf klatschen (Lied Seite 77). Zu diesem Lied kann auch getanzt werden.

Vierter Teil:
Einander helfen beim Tragen von Sorgen

(Dieser Teil kann einen anderen ersetzen.)

Sprecher: Die Jünger haben Sorgen gehabt. Ihre Sorgen waren schwer wie Steine.
Als Jesus bei ihnen war, hat ihnen das geholfen. Ihre Sorgen wurden leichter.
Wir können anderen, die Sorgen haben, auch helfen. Wir können für sie beten. Und wir können für sie Jesus sein*,

wenn wir zu ihnen gehen und Zeit für sie haben,
wenn wir zuhören, wenn sie von Sorgen erzählen wollen,
wenn wir Geduld mit ihnen haben,
wenn wir ihnen gut und tröstend zureden.
wenn wir ihnen z.B. durch einen Händedruck zeigen, daß wir ihnen beistehen wollen.

Nun wollen wir für uns und für andere, die Sorgen haben, Steine bei der Osterkerze niederlegen.

* Gedanke von Monika Nemetschek in: „Gott für Kinder" (Tyrolia-Verlag 1974)

Vater unser im Himmel

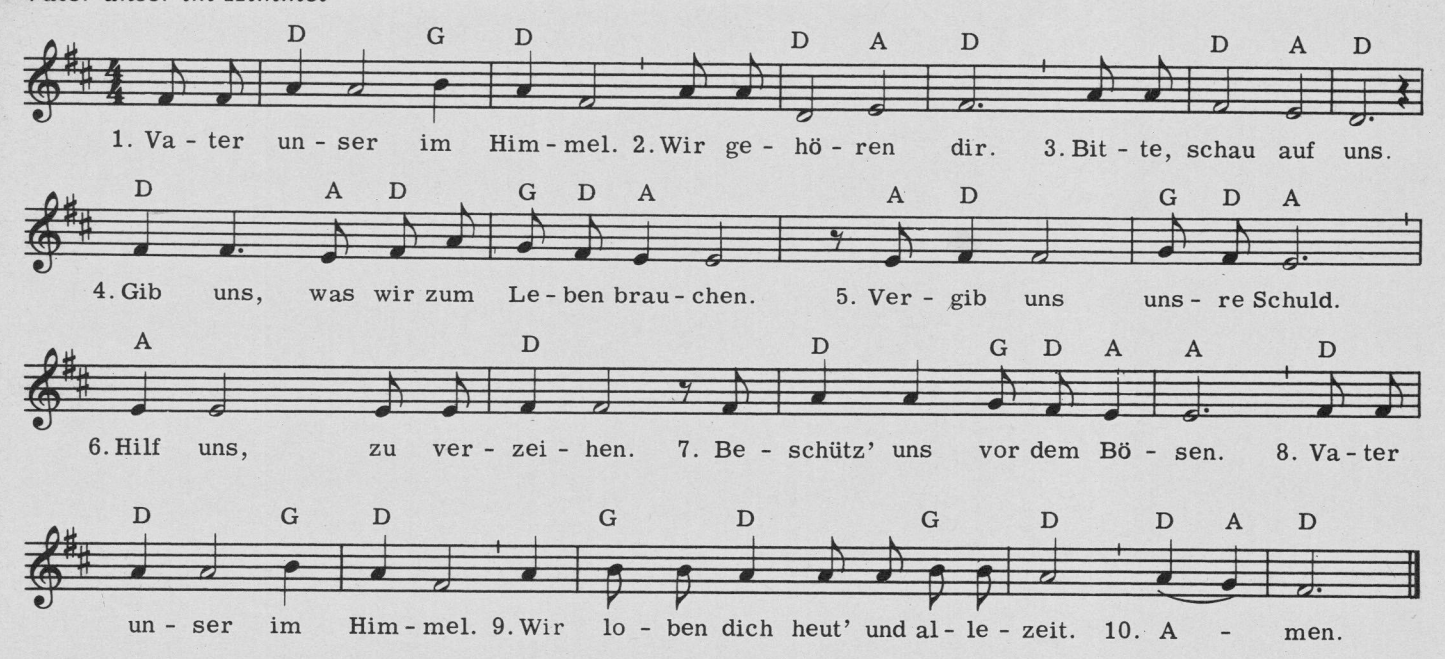

1. Vater unser im Himmel. 2. Wir gehören dir. 3. Bitte, schau auf uns. 4. Gib uns, was wir zum Leben brauchen. 5. Vergib uns unsre Schuld. 6. Hilf uns, zu verzeihen. 7. Beschütz' uns vor dem Bösen. 8. Vater unser im Himmel. 9. Wir loben dich heut' und allezeit. 10. Amen.

Satz um Satz wird vorgesungen und von allen wiederholt.

Melodie und Text: Gertrud Lorenz

Gesten zum Vaterunser

Zum Vorsingen führt sie nur der Sänger aus, bei der Wiederholung dann alle.

- Zu 1: Die ausgebreiteten Hände nach vorn oben halten.
- Zu 2: Sich tief verneigen.
- Zu 3: Mit beiden Händen auf sich zeigen, Gesicht etwas nach oben.
- Zu 4: Hände geöffnet nach vorn strecken.
- Zu 5: Hände vors Gesicht.
- Zu 6: Denen zu beiden Seiten die Hände reichen und kurz drücken.
- Zu 7: Hände von den Seiten nach oben über den Kopf führen, dort Hände wie zum Schutz kurz belassen.
- Zu 8: Die ausgebreiteten Hände nach vorn oben.
- Zu 9: Hände von der Mitte der Brust aus nach seitlich oben strecken, zu „Heut und alle Zeit" klatschen.
- Zu 10: Hände falten.

Anhang: Gottesdienst an Pfingsten

Seite 116/117

Vorbereiten:

1. ein großer Apfel mit Messer, oder sonstiges Obst, das sich leicht teilen läßt, oder eine Packung Kekse,
2. eine voll aussehende Einkaufstasche,
3. ein Kassettenrecorder mit Schlager-Kassette,
4. Rosen, soviel Teilnehmer es sind + eine mehr,
5. Begleitinstrumente,
6. eine schöne Schale mit Weihwasser (sonst Wasser) wird auf einem kleinen Tisch mit schönem Tischtuch und Kerze bereitgestellt.

1. Teil

Sprecher: An Ostern feiern wir, daß Jesus auferstanden ist, daß Jesus lebt. Heute an Pfingsten feiern wir, daß es seit dem ersten Pfingstfest die Gemeinschaft der Christen gibt.

Lied: Wir sind getauft, S. 84 (sich dazu die Hände reichen)
An Pfingsten wurden die Jünger Jesu gestärkt, für ihr Leben als Christen. In seiner Liebe wollte der gute Gott immer für sie dasein.
Heute an Pfingsten feiern wir, daß der gute Gott in seiner Liebe immer für uns dasein will.

Lied: Fröhlich will ich singen (dazu klatschen)

Gebet

Wir wollen miteinander beten:
Unser Gott, wir feiern Pfingsten.
Wir sind von Herzen froh.
Du hast uns lieb.
Hilf uns, andere Menschen froh zu machen.

2. Teil

Hier erster Teil bis zum Lied: Wir sind getauft.
Sprecher: Ja, es stimmt, wir sind alle getauft. Aber das ist lange her. Vielleicht habt ihr aber eine Taufe erst miterlebt? Erzählt davon.

Gebet

Wir wollen miteinander beten:
Du ,unser Gott, mache uns gut.
Laß uns merken, wenn wir etwas
für einen anderen tun können.

4. Teil
Gebet zum Heiligen Geist

Heiliger Geist, du guter Geist Gottes,
mache uns stark, damit wir den Alltag schaffen.
Mache uns froh, damit wir andere froh machen.
Hilf uns, damit wir mit anderen in Frieden auskommen.
Mache uns Mut, damit wir für andere einstehen.
Mache uns still, damit wir anderen gut zuhören.
Mache uns genau, damit wir gut arbeiten.
Mache uns geduldig, damit andere froh werden.
Mache uns rücksichtsvoll, damit andere sich freuen.
Mache uns gut, damit wir andere anstecken zum Gutsein.

5. Teil
Die Erzählung von Pfingsten (Apg 2,1–7)

Die Jünger kommen jeden Tag zusammen.
An Pfingsten gibt Gott ihnen den Heiligen Geist.
Sie sagen: „Er ist wie ein Sturm, so mitreißend.
Er ist wie ein Feuer, das durch und durch wärmt."

Dieser gute Geist Gottes stärkt die Jünger.
Er macht sie von Herzen froh.
Er gibt ihnen Mut.

Vorher haben sie nie laut von Jesus gesprochen.
Jetzt haben sie keine Angst mehr.
Jetzt gehen sie hinaus auf die Straße
und reden von Jesus.
Jetzt sagen sie seine Frohe Botschaft weiter.
Jetzt sagen sie laut: „Wir gehören zu Jesus."

über das Köpfchen. Wir wollen uns heute an unsere Taufe erinnern lassen.
Ihr dürft nacheinander nach vorn kommen (zu mir kommen). Ich lege meinen Daumen in das Wasser in dieser Schale hier und zeichne (male) jedem ein Kreuz damit auf die Stirn. Dazu festliche Musik.

Die Leute laufen zusammen.
Auch Ausländer sind dabei.
Alle verstehen, was die Jünger sagen.
Sie staunen alle.
Sie wissen nicht, was sie sagen sollen.
So sehr hat Gottes guter Geist die Jünger verändert.
(Neu nacherzählt und vereinfacht: Gertrud Lorenz)

3. Teil

Sprecher: Pfingsten, so sagen wir, ist auch das Fest des Heiligen Geistes. Wie sieht denn dieser Heilige Geist aus? Darauf weiß niemand eine Antwort.
Sehen kann man ihn nicht, aber wir können gut merken, wenn er da ist, wenn er einen Menschen anders und ganz gut macht.

Rollenspiel:

1. Szene – Eine Frau hat eingekauft. Ihre Tasche ist ganz voll und schwer. Sie muß immer wieder stehenbleiben und ausschnaufen.
Drei Jungen stehen beisammen. Einer sieht die Frau und hilft ihr. Er nimmt ihr die Tasche ab und trägt sie. Die Frau ist sehr froh.
2. Szene – Zwei Kinder (oder Erwachsene) haben Pause. Ein Kind packt ein Brötchen aus und einen Apfel (Kekse und …) Das zweite Kind geht bedrückt weg. Es hat nichts zu essen bei sich.
Das eine Kind ruft es zurück und teilt mit ihm. Es freut sich sehr.
3. Szene – Eine Jugendliche sitzt in ihrem Zimmer und liest. Neben sich hat sie einen Kassettenrecorder auf volle Lautstärke eingestellt.
Der Vater kommt von der Arbeit. Er hatte einen schwierigen Fall zu klären (eine schwere Arbeit). Er ist ganz geschafft. Er betritt das Zimmer von Susi, seiner Tochter, und sagt gar nichts, weil der Recorder so laut brüllt. Susi aber sieht, wie fertig der Vater ist. Sie stellt den Recorder ab und sagt: O.k., Paps, ruh dich erst mal aus.
Sprecher: An den drei Beispielen haben wir gesehen, wie man merken kann, wo Gottes guter Geist Menschen ganz gut macht.

Lied: Du Geist der Liebe

6. Teil
Ein Schlußgebet

Unser guter Gott,
wir haben einen Pfingstgottesdienst gefeiert.
Wir haben uns gefreut, weil du uns lieb hast.
Diese Freude wollen wir weitergeben.
Darum schenken wir einem Menschen (unseren Müttern, Betreuern oder sonstigen Personen)
heute eine Rose.
Die Rose soll ihm sagen: Gott hat dich lieb.
Wir danken dir für deine Liebe.

7. Teil
Fürbitten

Herr, dein Geist macht die Menschen gut. Wir bitten dich:
Laß viele Menschen Frieden halten.
Laß viele Menschen einander erfreuen.
Laß viele Menschen freundlich miteinander umgehen.
Laß viele Menschen verzeihen, wenn ihnen Böses angetan wurde.
Laß viele Menschen mit ihren Mitmenschen Geduld haben.
Laß viele einsame Menschen Freunde finden.
Laß viele Menschen fröhlich werden, weil du sie liebst.
Laß viele Menschen im Geist Jesu leben.
Nach jeder Bitte sagen alle: Wir bitten dich.

Aus den vorliegenden Teilen möge jeder selbst den Gottesdienst zusammenstellen, der den Teilnehmern entspricht.

Anhang: Ein Oster-Erlebnis-Kreis

Seite 118/119

Im Treffpunkt eines Wohnheims für Behinderte in Stuttgart bot ich einen Oster-Erlebnis-Kreis, bestehend aus vier Abenden, an. Dreimal trafen wir uns vor und einmal nach Ostern. Obwohl über Ostern zwei Wochen dazwischen lagen, hatte das Interesse nicht nachgelassen.

Teilnehmer waren erwachsene geistig Behinderte und ältere Schüler mit ihren Eltern. Das Unternehmen war ein voller Erfolg.

In ähnlicher Weise kann solch ein Osterkreis mit Vorschul- und Grundschulkindern und anderen durchgeführt werden. Bei der Vorbereitung und Durchführung sollte die Unterstützung von Helfern gewährleistet sein.

In der Einladung wurde so beschrieben, was die Teilnehmer erwartete: Wir wollen miteinander singen, von Jesus hören, einfache Dinge tun, beten und basteln.

Die Abende bezogen sich auf Palmsonntag, Gründonnerstag, Karfreitag und Ostern.

1. PALMSONNTAG

Vorbereiten:
Krepp-Papier in verschiedenen Farben,
Scheren,
Zweige von Bäumen und Sträuchern, der Jahreszeit entsprechend kahl,
für sie eine Vase, evtl. mit Steinen, damit sie nicht umfällt,
Knetmasse,
Styropor- oder ausgeblasene Eier,
Farben zum Bemalen, evtl. Stricknadeln,
Schallplatte oder Kassette mit ruhiger Musik,
Bild zum Thema für Epidiaskop oder Projektor,
Kassette, besungen mit dem Palmsonntagslied,
evtl. nur wenige Verse,
Gitarre oder anderes Instrument,
Sitzrunde um niederen Tisch mit gelber Kerze,
Später 4 verkleinerte Bilder zum Thema zu den Teilnehmern hin um die Kerze legen.

10. *Tätigkeit:* Bänder aus Kreppapier schneiden und an jeden Zweig wenigstens ein Band knüpfen (locker). Wer schnell damit fertig ist oder sonst etwas tun möchte, kann Jesus auf dem Esel kneten oder Eier anmalen.
11. *Spiel* Zweige austeilen zum Palmsonntagslied (auf Kassette) je nach Fähigkeit der Teilnehmer, evtl. nur ein Vers, bei dem alle sitzen bleiben und zu Hosianna mit den Zweigen winken.
12. *Schlußgebet* sitzend, mit geöffneten Händen: Gedanken zum Erlebten,
z.B. Gott, wir wollen dir Dank sagen.
Danke für unser Zusammensein. *Alle:* Danke.
Danke für die Jesus-Geschichte.
Danke für das Spiel.
Danke für die Zweige, die wir mitnehmen dürfen.
Alle: Danke und Amen.
13. Zweige mit den Bändern, die alle zum Gebet in Händen hielten, dürfen mit nach Hause genommen werden.

2. GRÜNDONNERSTAG

Vorbereiten:
Bogen festes Papier, weiß oder hell,
irgendwelche Stifte zum Umfahren des Fußes,
selbstklebende Etiketten mit der Aufschrift: Gutes tun (oder ähnlich, z.B. freundlich sein),
Scheren,
Eier zum Bemalen, Farben, Körbchen für die fertigen,
Bild (Dia) zum Thema Fußwaschung,
Bild (Dia) zum Thema Abendmahl (falls es nicht zu viel wird),
einige Waschschüsseln,
Waschlappen und Handtücher = Gästetücher,
Brötchen (frisch = aufgebacken), die sich gut teilen lassen, z. B. Milchwecken oder Doppelwecken,
Saft (Wein),
Gläser und Servietten,
Tisch mit hellem Tuch und Kerze.

1. *Ostern* – Jesusfest. Alle feiern es, die Jesus kennen. Sie heißen Christen.
   Wir gehören auch dazu. Wir sind auch Christen.
2. *Lied:* Wir sind getauft
   mit angefaßten Händen singen, Vers „Kirche" evtl. nicht.
3. *Zweige* ansehen, jeder bekommt einen Zweig, Knospen fühlen ... zurückbringen in die Vase. Dazu Musik.
4. *Ostern* – Fest im Frühling. Die Zweige zeigen uns, daß es bald soweit ist. Welche Zeichen für Frühling sind draußen noch?
5. *Frühlingslied*, das die Teilnehmer vorschlagen, oder wenn bekannt: Herr, wir wollen deine Botschaft hören.
6. *Vor Ostern – Palmsonntag:* Bild betrachten, Bemerkungen dazu, Geschichte erzählen (vorlesen).
7. Wenn möglich Gespräch über das Gehörte, oder es nacherzählen.
8. Dazu (dazwischen) zusätzliche Informationen für Interessierte: Hossianna = Ruf im Gottesdienst damals. Besonders beim Erntedankfest damals = Laubhüttenfest gab es den Brauch, um Gott zu ehren, Zweige zu tragen ...
   Jesus nicht auf Pferd = hoch zu Roß wie Krieger, sondern auf dem Esel, dem Reittier der armen Leute.
9. *Lied zu Palmsonntag* kennenlernen:

   1. Jesus kommt nach Jerusalem. Habt ihr's schon gehört?
      Viele Leute sind froh, darum rufen sie so:
      Hosianna, Hosianna, Jesus kommt bald ...
   2. Jesus kommt nach Jerusalem. Habt ihr's schon gehört?
      Viele Leute sind froh, darum rufen sie so:
      Hosianna, Hosianna, holt einen Zweig ...
   3. Jesus kommt nach Jerusalem, in die große Stadt.
      Viele Leute sind froh, darum rufen sie so:
      Hosianna, Hosianna, Jesus ist da ...
   4. Jesus kommt nach Jerusalem, in die große Stadt.
      Viele winken dem Herrn, denn sie haben ihn gern:
      Hosianna, Hosianna, Jesus ist da ...
   5. Jesus kommt nach Jerusalem, in die große Stadt.
      Viele freuen sich sehr, gehen hinter ihm her:
      Hosianna, Hosianna, Jesus ist da ...

   Text: Gertrud Lorenz. Melodie wie Lied auf Seite 15.

Zum Verlauf:

1. Lied: Wir sind getauft. Danach Zweige ansehen, sind die Knospen anders? Habt ihr was Besonderes im Garten oder sonst draußen entdeckt?
2. Ostern, das Fest im Frühling – vor diesem Fest der Gründonnerstag:
   Bild Abendmahl: Erzählen, sie saßen alle am Tisch, als Jesus aufstand – Geschichte Fußwaschung.
3. Lied von der Fußwaschung.
4. Gespräch: Grün = Greindonnerstag, greinen = weinen. Überlegen: was können wir tun, was dem anderen guttut?
5. Fußabdruck machen: einen Schuh ausziehen, Fuß umfahren, Abdruck ausschneiden, Etikett mit Aufschrift einkleben; oder Eier anmalen.
6. Für den anderen etwas tun: Wir wollen zusammen essen und trinken wie Jesus mit seinen Jüngern.
7. Vorher waschen wir einander die Hände: je zwei zusammen.
   Gitarrenspiel oder Musik dazu.
8. Evtl. den Raum wechseln: die vorher entstandenen Paare bekommen ein Brötchen, das sie teilen und essen, dazu gibt es Saft oder etwas Wein. Musik.
9. Rückkehr in die Sitzrunde und Schlußgebet mit Dank für das Erlebte. Es einzeln nennen.
10. Jeder nimmt den Fußabdruck mit nach Hause.

3. KARFREITAG

Vorbereiten:
für jeden ein Kreuz aus Zweigen, etwa 25 × 15 cm,
Material, um einfache Papier-Blumen zu basteln, schon zuschneiden, daß das Basteln schnell geht,
Bild (Dia) zum Thema, evtl. Gefangennahme und Kreuzigung aus Buch oder Dia-Serie „Jesus ist auferstanden" aus der Reihe „Was uns die Bibel erzählt" (Bibelstiftung Stuttgart),
Strauß aus Zweigen von den letzten beiden Treffen,
Eier im Körbchen für den Osterbaum mit Fäden,
Schallplatte (Kassette), evtl. Soloinstrument,
Tisch mit dunklem Tuch und kleiner dunkler Kerze,
größeres Kreuz, das später auf den Tisch gelegt wird.

Anhang: Ein Oster-Erlebnis-Kreis

Seite 120

Zum Verlauf:
1. Beginn mit Lied. Nach Frühlingsentdeckungen fragen.
2. Vor Ostern – Karfreitag – zusammentragen lassen, was davon bekannt ist. Ordnen: Nach dem Abendmahl – Ölberg, Gefangennahme usw. Evtl. Symbole dafür zusammenstellen. Jesus betet am Ölberg = gefaltete Hände …
3. Alles sehr kurz zusammenfassen: Weil Jesus am Kreuz sterben mußte, haben wir hier ein Kreuz. Lied: Jesus, du bist so gut.
4. Evtl. Gespräch über das Kreuztragen: Viele Menschen, wir auch, tragen ein Kreuz.
5. Jeder bekommt ein gebasteltes Kreuz. Mit diesem Kreuz in der Hand: Gebet für alle, die ein Kreuz zu tragen haben; die krank sind, traurig, allein, bedrückt …
6. Blumen aus Kreppapier basteln.
7. Ein Kreuz aus Blumen legen. Dazu Musik.
8. Abschließend gemeinsam den Osterbaum richten: Jeder hängt ein Ei daran.
9. Schlußgebet: Jesus, nach dem Karfreitag ist Ostern gekommen. Darüber sind wir froh. Amen.

4. OSTERN

Vorbereiten:
eine Osterkerze größer,
für jeden eine dünne Kerze mit großem Tropfenfänger,
für jeden eine kleine weiße Kerze 3 cm Durchmesser, 8–10 cm lang,
je nach Fähigkeiten der Teilnehmer auf die kleine Kerze aus Knetwachs ein Kreuz oder die in diesem Falle noch nicht bemalten Tropfenfänger anmalen,
Glöckchen, evtl. Gehänge, Triangeln und andere klingende Instrumente, für jeden eins,
je nach Teilnehmerzahl 1–3 aus Hefeteig gebackene Hasen, jeder so groß, wie das Backblech*,
kalte oder warme Getränke, evtl. vorher besprechen,
Gläser zum Abstellen der Kerzen mit den Tropfenfängern,
für jeden ein Osterei,

auf den Tisch in der Runde Frühlingsblumen in kleinen Sträußen, die Osterkerze, ein Nest oder mehrere Nester mit den Eiern.

* Diese Hasen sehen so hübsch aus, daß wenigstens einer davon nicht schon vorher in Portionen geschnitten werden sollte, damit ihn die Teilnehmer sehen können.

Zum Verlauf:
1. *Lied:* Wir sind getauft (mit angefaßten Händen).
2. Nun ist der Frühling deutlich sichtbar, z.B. an den Zweigen. Frühlingslied nach Wunsch.
3. Raum dunkel, Öllampe anzünden, von Osternachtfeier in der Kirche erzählen, Osterkerze anzünden.
4. *Lied:* Sagt es allen weiter.
5. Alle Kerzen mit Kreuzen versehen oder Tropfenfänger bemalen und Kerzen hineinstecken.
6. Alle zünden (evtl. mit Hilfe) ihre Kerze an der Osterkerze an.
7. *Prozession* mit den Kerzen, voran Osterkerze, dazu Musik.
8. Kerzen auf die Gläser abstellen.
9. *Lied:* Kommt, wir singen: Halleluja, dazu spielen (tanzen).
10. Sich in die Runde setzen: Jeder bekommt ein Ei. Der gebackene Hase wird zum Ansehen gebracht.
11. Alle begeben sich in den Nebenraum, wo gegessen wird.
12. In der Runde gemeinsames Dankgebet: Nach der Einleitung kann (soll) sich jeder (wenn möglich) beteiligen:

Danke, weil es schön war.
Alle: Ja, danke.
Danke, für …
Alle: Ja, danke.